# 勇敢な日本経済論

髙橋洋一×ぐっちーさん



講談社現代新書
2423

# はじめに

皆様は実際に世の中でまことしやかに報道されていることの一体何がどのくらい真実なのか、という点に最近疑問を持たれることはありませんか？

特にトランプ大統領が登場して以来、彼自身はメディアは嘘つきだと公言する一方、自らの発言でさえ本当なのかどうか、何の検証もされぬままネットやSNSなどで垂れ流されていく。

ついには「オルタナ・ファクト」(もう一つの事実)とまで言い出す始末で、元来そこをチェックしなければならない筈《はず》の従来型メディアも、読者から見放されほとんど機能していないと言っていいのではないでしょうか。一体何が本当なのかが、皆目見当がつかない時代になっているわけです。

ではどうするか？

この本を手に取っている皆様はどんな方々でしょうか。

大企業のサラリーマン？

お役所にお勤め？

中小企業のサラリーマン？

はたまた、専業主婦？

恐らくいろいろな方がそれなりに様々な問題に直面されているのだと想像します。

今回の対談はその意味で皆様に本当に有用な情報の見分け方、そしてその考え方を示すことになる筈です。二人でいろいろ議論するわけですが、十分な知識があることはもちろん、経験があって（学者のような机上の空論ではなく）、ポジショントークと言われる自分の立場や既得権、というものから一切離れて話をし、それを見聞きするという機会は、残念ながら皆様には滅多にありません。メディアの情報は必ずと言っていいほど何らかのバイアスがかかっている。


髙橋先生はご存じの通り、もと財務省の役人であり、政府・官僚の生態を熟知されています。知識は多く、実際に政策を策定、運用していたわけですから経験ではそのへんの学者は足元にも及びません。

一方、ワタクシ、ぐっちーこと山口正洋は丸紅からウォール・ストリートにわたり、モルガン・スタンレー（投資銀行業）で10年以上勤務し、十二分な実務経験を持ち、最近では地方再生事業として岩手県・紫波《しわ》町という所で「オガールプロジェクト」の仕事をしつつ金融評論家としても活動をしております。つまり現役かつどこにもしがらみのない実業家であって、しかもどこかの証券会社や銀行のアナリストと違ってスポンサーに気兼ねをする必要もなく、あるがままを発言できる立場にあります。

こうした二人が話をするととんでもない化学反応が起きてきます。

髙橋先生は官僚サイドの論理に精通しておられるので、なるほど、官僚という人々はこういう発想で物事を考えるのか、というアプローチで様々な事例を紹介されています。一方ワタクシは実務サイドにいる人間なので、我々現場から見ると如何《いか》に多くの嘘がメディア経由で流布され我々が騙されているかが、極めてクリアにわかります。そして結果的に問題点として二人が行き着くところは意外にも同じだったりするのです。

例えば……、

第1章ではトランプ大統領の話題を取り上げました。

二人に共通していたのは、驚いたことに彼は「意外とまともかもしれない」という点です。

髙橋先生もアメリカでのご経験が長く彼が登場してきた時代背景はよくご存じで、ワタクシに至ってはあのトランプ氏と実際に仕事をしたことがあるのです。その意味でトランプの実像をここまで語れるのは我々しかいないかもしれません。

少なくともヒラリーの方が余程エキゾチックだった……というような点では大変おもしろいエピソードが出てきます。女性に嫌われる女性というのはなかなか難しいもので、トランプ氏が選挙期間中に So Nasty! と彼女を非難したことも頷《うなず》けるような話です。

第2章では為替の話をするのですが、そもそも為替レートの予測なんてできないよ、という点では二人とも結論は同じです（少なくとも短期については予想ができないというのは学術的にも明らかになっています）。それを無理やり予測するのはメディアと銀行や証券会社であって、そんなセールストークに乗せられて、大事な資産を運用してしまったら損するのは皆様ですよ、という結論は一致しました。これは大変！

第3章では日本の財政は破綻しない、という点について議論していますが、アプローチは違うもののやはり結論は一緒。消費税を上げないと日本が倒産する、などというたわごとを信じた民主党（現・民進党）政権はつくづく罪が深い、ということがよくわかる逸話がてんこもりです。

第4章ではアベノミクスの評価について語りましたが、これも結論はさほど両者に違いはありません。

第5章ではなぜ規制緩和が進まないかを議論しましたが、いわゆる既得権を守りたい奴らがいる、という意味ではこれは民間も役所も変わりはないのだ、ということがよくわかりました。要するに今ある現状からの変化を望んでいない、という意味では既得権者とその他、という区分があるだけで、結局民間も役所もあまり変わらないということです。今何かを得ている人はとにかく現状維持が命になると、改めて考えさせられました。

第6章ではその続きとして、ワタクシが今拘《かか》わっている地方再生についてのご意見を髙橋先生に伺うような形になっています。ただ、結論は意外に似ていて、結局倒産しているも同然の地方自治体を倒産させない、という方針が何より間違っているという結論では完全に一致しました。このあたりに潜む財務省と総務省の複雑な関係は髙橋先生ならではの解説です。

そして、第7章では、昨今言われている少子高齢化や人口減少で困るのは日本国民ではなく、それは既存の地方自治体、という枠組みにとらわれている役人だけで、むしろ日本の未来は明るいのではないか、という点でも奇しくも意見は一致しています。これはかなり希望が持てますね。

実際この6、7章では公共事業の在り方やありうべき勤務形態についてなど二人で議論しており、内容的には実に簡単な話なんですが、これが実現したら日本の成長力は圧倒的に増すことは間違いありません。1億総活躍、とか言うならこの程度のことは実現してほしい、という提言にもなっています。

なぜ、こんな経験もキャリアも違う二人が同じような結論にたどりつくのか？　恐らくそれが真実だからなのです。ファクトなのです。山は一つ。ただ上るルートが違うだけではないか、ということがおわかりいただけるのではないでしょうか。

ここまでお読みになって、ふーん、そうなのか、意外だな、と思われたならぜひこのままレジに行って本書をお買い求めください。その価値は十分あります。

最後にあまり言いたい話ではありませんが、考えてみると二人には意外な共通点がありました。

髙橋先生ご自身も本書の中で語っておられますが、ある意味財務省時代に散々上司に反抗し、小泉内閣、第一次安倍政権において、あまりにもストレートに財務省の弱点を突いていた頃、妙な（仕組まれたような）事件で社会的制裁を受けてしまった、という経験をお持ちです。

一方、ワタクシ、ぐっちーも、12年いたモルガン・スタンレーをクビにされ、その後勤めたベアー・スターンズに至っては懲戒解雇という汚名を着せられクビになりました。結局懲戒だけは裁判をして取り下げられましたが、ワタクシが懲戒に問われた原因はあの2

008年金融危機を引き起こしたサブプライムの証券化商品をこんないんちきなものは売りたくないと社命に背いたのが原因でした。

いわば、事件と解雇という、普通の人なら人生のどん底とでもいうべき地点を見た、という経験が二人にはあるのです。実は安倍首相もそうだった、という秘話が本書の中でも語られています。

我々にしてみると、実際にそういう境遇になってみると世の中なんて実に冷たいものでありまして、助けてくれる人などだれもおりません。それまでどんなに仲がいいと思っていた人もどんどん離れていきます。世の中なんてそんなもんだよな、ということを二人とも痛いほど経験してきたわけです。

結局最後は一人で頑張っていくしかないのですが、我々のようなこういう経験を実際にして通過してみるとだいたい何とかなるな、という胆力というか、開き直りができるようになります。

本書を手に取った皆様もきっといろいろ悩みを抱えておられることでしょう。

しかし、我々の経験を見ていただければそれは実はそんなにお悩みになる必要のないことかもしれません。まあ、最後は自力で何とかなるな、というのが二人の率直な感想で、それもこれも世の中のことを自分の頭で考える癖がついていたからではないか、と思うのです。

　読者の皆様には、世の中で語られていることにどれだけ嘘が多く、いい加減なものが流布されているか、ということをご理解いただくには本書をお読みいただくのが一番ではないかと思っております。結局自分の頭で考える、ということになりますが、それに足る情報源も必要であります。二言目には自己責任と言われる世の中です。年金についても一体何が起きているのかを本書では話しております。

　本書をお読みになり、ぜひ自己防衛を図っていただくとともに、自分の頭で物事を考える習慣を身に付けていただければ何よりです。そうすれば多少のことには揺るがない自信を持って人生の荒波を越えていけるのではないでしょうか。

　そうやって生きていけば、いずれ、人生は何とかなります。

　こうなると本書は経済書と言うよりは人生の指南書と言ってもいいかもしれませんね。

　皆様が明るい未来を信じて生きていくためにもぜひ本書をご活用いただきたいと切に思う次第であります。

「ぐっちーさん」こと山口正洋

# 目次

# 第1章

# 「トランプはバカじゃないから　こう付き合え」

## トランプには毎日電話していた

――ドナルド・トランプがアメリカ大統領選を制したことは、世界に大きな衝撃を与えました。彼の奇抜な言動をマスコミが叩くなか、お二人とも選挙期間中から「トランプはバカじゃない」と繰り返されてきた。大統領としての実務を始めて以降も、その印象は変わりませんか？

**髙橋**　まあ、印象は変わらないな。バカじゃないよ。私なんか、トランプがあまりに賢いんで、逆に不安になってきたぐらいだ。

**ぐっちーさん（以下、山口）**　僕も印象はまったく変わりません。実はトランプとは、1980年代末に仕事をしたことがあるんです。僕はモルガン・スタンレーに勤めてて、ニューヨークにいた。1987年10月にブラックマンデーの株価暴落があって、トランプは一文無しになっちゃった。それで融資を求めてきたんだけど、金融機関だって総ヤラレの状態でしょう。モルガン・スタンレーとしても、そんな不動産屋に貸す余裕がないわけです。「それなら、日本はどうだ？」と。「バブルに沸く日本なら、金を出すやつはいるんじゃないか。探してくれ」と頼まれて、1ヵ月ぐらい東京へ戻り、投資家を回ったんですよ。トランプは来日しなかったので、僕一人で回った。

**高橋**　それで融資はまとまったの？

**山口**　いや、日本の投資家もブラックマンデーを相当怖がってて、アメリカでリスクを冒せる人は見つからなかった。その間、トランプとは丁々発止をやりましたよ。アメリカにいたときも1週間ぐらいはほぼ毎日会ってたし、日本に来てもほぼ毎日電話してた。「○○銀行がもうちょっと具体的なプランを出せと言ってるぞ」「わかった。すぐ書く」とか言って、トランプが徹夜でドキュメントを書き直したりね。

**高橋**　それはすごいな。将来の大統領に指図してたわけだ。

**山口**　ビジネスマンって、そういうときに本当の実力が出るでしょ。プレゼン資料の作り方とか数字のまとめ方については、きわめてよくトレーニングされていた。彼がプレゼンする場にも同席したけど、立派の一言に尽きましたね。いまの日本のビジネスマンで、あそこまでちゃんとできる人は見当たらない気がします。

**高橋**　濃密だなあ。トランプともっとも親しい日本人なんじゃないの？

**山口**　その可能性はありますね。リアルにビジネスのトークをやった日本人、ひょっとしたら僕だけかもしれない。結局、お金は用意できなかったけど、彼を助けようと懸命に動いたことはトランプも忘れていないはずです。

**高橋**　いや、もうポンユウだよ。大親友だよ。そこ強調したほうがいいよ。この本の帯にも「俺はトランプのブレーンだった」とか書こうよ（笑）。
**山口**　ちょっと盛りすぎですよ（笑）。

## 酒は一滴も飲まない

**高橋**　マスコミは「トランプはバカだ」なんて書くけど、選挙のやり方ひとつ見ても、むしろプロフェッショナルだなあと感心したね。まわりに優秀なブレーンも多いじゃない。
トランプの弁護士をやってる日系3世の友人がいるんだけど、彼が、大統領選直後の安倍―トランプ会談をセットした。その友人もトランプはすごく頭がいいと言ってた。逆に「バカなふりをしてるのに、なんでみんな気付かないのかな？」みたいな言い方してたよ。
**山口**　トランプはバカじゃないですよ。過激発言ばかり注目を集めるけど、計算して言ってるのは間違いない。少なくとも僕が会ったときは、すごく真面目な実業家でした。
**高橋**　そりゃ、あれだけの規模の事業を動かしてるわけで、バカじゃできないよね。実業家としては優秀なはずだ。
**山口**　トランプはあんな風貌で破天荒なイメージですけど、実はアルコールを一滴も飲まない。僕がご馳走になったとき印象的だったのは、「何でも飲んでいいから」とワインをすすめつつ、必ず説教もついてくるんです。「俺はアルコールで人生を棒に振ったやつを何人も見てきた。飲むのはお前の自由だが、本当に注意しろよ」って。親族にアルコールで亡くなった方がいるらしいんですけど、ワイン好きの僕をそこまで親身に指導してくれたのは、あとにも先にもトランプ一人ですよ（笑）。そういうストイックな一面は、日本の皆さんが理解していないところじゃないですかね。

**高橋**　酒を一滴も飲まないって、なかなかのものだよね。自分をコントロールする力は相当強いってことだよな。

**山口**　教育レベルも高いでしょ。トランプ自身も娘のイバンカも、ペンシルバニア大学の経営学部（ウォートン・スクール）を出てる。ハーバード大学なんかより、よっぽど卒業するのが難しい大学ですよ。

**高橋**　ウォートン・スクールは優秀だよな。計量経済学が有名なところ。立派な大学を出てるじゃない。さっきの友人によれば、トランプはイバンカがものすごく可愛いみたいね。イバンカの言うことなら、何でも聞くって。そのイバンカが日本好きで、「安倍（晋三）首相の言う通りにしたほうがいい」と父親にアドバイスしてくれてるんだから、日本はものすごく有利な立場にいるんだ。

**山口**　イバンカが主宰しているトランプの慈善団体にはお金を出しているので、彼女にも

3回ぐらい会ったことがあります。パーティで立ち話する程度だけど、彼女もきわめて頭がいい。クリントン夫妻の娘のチェルシーより出来がいいかもしれない。アメリカの大富豪の子供って、甘やかされて育つからバカ息子やバカ娘ばっかりなんですよ。だけど、イバンカにはそういう甘さが微塵《みじん》もない。トランプは外で過激発言をしていても、家庭内では教育理念をはっきり持っているということでしょう。それでないと、あんなに出来た子供は育たない。

**髙橋**　あ、ぐっちーさんはお金を出してるんだ。じゃあ、そこもちゃんと宣伝しなきゃいけないよ。やっぱり本の帯は「俺はトランプのタニマチだ」にする？　トランプが大統領になれば「俺は親友だ」というやつが山ほど出てくると思うけど、こっちは本物なんだから。ちょっと盛って「タニマチだ」ぐらいでちょうどいいんだ。

**山口**　タニマチって(笑)。そこまでの金額は出してませんよ。それ以来、会ってないけど、電話してみるかな。

**髙橋**　ホワイトハウスぐらいは入れてくれるよ(笑)。だけどね、ちょっと真面目な話をすると、向こうはお金に困っていたわけでしょう。人間、どん底のときに助けてくれた人のことは覚えてるものなの。絶対、忘れない。絶頂のときはたくさん人が寄ってくるから、まったく覚えてないけど。

**山口**　たしかに、当時は誰もトランプを助ける人がいなかった。ゴールドマン・サックスとか、同業の友達には止められたんですよ。「トランプなんかと付き合ったら、ひどい目にあうぞ」って、さんざん止められた。だけど、僕は一所懸命に働いたんですよ。あれだけやったら、感謝はされてると思う。

## ノーベル賞学者を安値で買う

**高橋**　だから、ぐっちーさんは「トランプのボトムを支えた男」なの。逆に言えばさ、いまはチャンスなんだよね。だって、（バラク・）オバマ政権に入っていた連中がみんな失業したわけでしょう。こういうときこそ恩を売っておくチャンスなんだよ。どうせいつかは民主党が政権に返り咲くわけだから。

**山口**　安く買って、高く売ると。

**高橋**　次に民主党が政権に戻ったとき、高く売れるぞお。

**山口**　大統領選以降、僕のところに、ホワイトハウスを出る連中から、日本のどこかに就職先がないか問い合わせが殺到してるんですよ。ところが、日本の会社は動きが悪い。新しい共和党政権のことばっかり考えてるんですよね。すごいのは台湾人とか中国人で、トランプが当選するやいなや、向こうから電話がバンバンかかってきた。「ホワイトハウスを出る人材がいたら、すぐ教えてくれ。うちの会社で雇うから」って。こういう感覚が日本人には欠けている。中国人はさすがですよ。

**高橋**　私も同じようなことを日本政府に言ってるの。大統領選の直前、8人のノーベル賞学者を含む370人もの経済学者が、ウォール・ストリート・ジャーナルにトランプ批判の声明を出したでしょう。こいつら干されるから、日本で雇ってあげればいい。

**山口**　ポール・クルーグマン（ニューヨーク市立大学教授）も猛烈にトランプを批判してましたもんね。

**高橋**　クルーグマンなんて民主党政権でブイブイ言わせてたから、来日したときの講演料がとんでもなく高かったんだよ。1回で1000万円ぐらいしたかな。もうビックリしたんだけど。これからは安くなるぞぉ。

**山口**　経済学者が大学の職を失うことはなくても、それ以外の仕事は確実に減るでしょうからね。少なくともトランプ政権から声をかけられる目はなくなった。だから日本の大学が招聘教授として招けばいい。国立大学は難しいかもしれないけど、慶応あたり、ガンガン雇ってほしい。

**高橋**　370人のなかの有名なやつだけピックアップしてね。金額としてはたいしたことないんだよ。ノーベル賞級の経済学者を招いても、年間1500万円ぐらいで済むんだ。

滞在費込みで。こんな安い買い物はないと思うな。次に民主党政権になったときのコネができる。日本が恩を売るチャンスなんだよ。

**山口**　日本人はそういう逆張りが下手なんですよね。僕なんか、そればっかりですよ。金融業界って会社の出入りが激しいから、クビになったやつの面倒は必ず見ておく。どんな人間も絶対にどこかで返り咲くんですよ。それが次のビジネスにつながる。こういう投資の感覚って大事だと思うけどなあ。

## 日本に言う資格はない！

**髙橋**　トランプが賢いのは、むちゃくちゃ放言しているように見えて、実は法に触れるようなことはいっさい言わないんだ。オーバーに表現してるだけなの。メキシコとの国境に壁を作るという発言が問題視されたけど、すでに壁はあるんだよ。それをもっと長くしようぜってだけなんだから。

**山口**　国境にウォールがあるのは当たり前ですよ。ないのはヨーロッパぐらいでしょう。アメリカとカナダの間にすら高いフェンスがあって、ちゃんと検問所がある。あの友好国カナダとの間にですよ。メキシコとの間にもあって当然だし、向こうを旅行した人ならその事実に気付くはず。それなのに、すでに壁は存在するという事実を、日本のマスコミはほとんど書かない、言わない。そこを報じないで、エキセントリックに批判した。

**髙橋**　移民を送り返せって話もそうだよね。トランプの発言をよく聞くと、不法移民の話なんだ。何の許可もなく密入国したり、犯罪をやったりした移民の話なの。それを送り返すのは、おかしなことじゃないでしょう。裏読みすると、合法的な移民には居住権を与えるとも受け取れるよね。

**山口**　それをマスコミは「移民は全員、追い返せ」みたいに書いたんですよ。日本はそもそも移民の受け入れすらやってないんだから、トランプを極悪人みたいに批判するのは妙な話ですよね。だって、日本が年間に受け入れている難民って20〜30人程度ですよ。これから増やしていくんだろうけれど、よその国を批判する資格なんてないだろう！

**髙橋**　移民の受け入れ数でいえば、日本はＯＥＣＤ（経済協力開発機構）でもケツから2番目か3番目でしょ。先進国ではもっとも厳しくて、「基本的に受け入れません」ってスタンスなんだ。その日本のマスコミがなんでトランプを悪者にできるのか、意味がわからない。私なら恥ずかしくて言えないよ。

**山口**　正直な話ね、アメリカ人は「日本はいいよなあ。移民を入れないから、テロの心配がなくて」と思ってますよ。「日本みたいに規制を厳しくして、アメリカを守りたい」って。だって、東京の街角にアラブ人やアフリカ人の3人組が立ってたら、ものすごく目立ちますよね。だけど、パリでもニューヨークでも、それが普通の光景です。もちろん、テロをやるのはごくごく一部の人間で、圧倒的大多数は善良な市民です。だけど、そういう人を見かけるたびに気になってしまう気持ちを、日本人はまったく理解していない。だから「みんな仲良くしましょう」みたいな子供っぽい意見になる。

**高橋**　新幹線なんか、テロやるの簡単でしょう。放火事件のとき話題になったけど。東京駅で乗り込んで爆弾を置き、品川駅で降りちゃえばいい話で。ところが、それが一度も起きないのは、外国人が少なくて目立つからなんだ。外国人観光客は増えてるけど、定住者とか長期滞在者が少ないから、テロが起こりにくい。移民がいないと安全なんだ。そのへんの不安をまったく理解しないまま、人種差別みたいに批判するのは、ちょっと違う。移民とはどういう存在かを、日本人は理解していないんだと思うよ。

**山口**　イスラム系7ヵ国に対する入国制限に関しては、日本では反対運動ばかり報道されてるけど、アメリカの世論調査では賛成が約6割でしょう。反対より多いんです。もちろん建前では「人種差別に反対」とは言うけど、本音では「怖いから、あいつら来なくていいよ」と思ってる人のほうが多い。そんなアメリカ人の本音を掬《すく》い上げたのがトランプなんだと思います。

**高橋**　ヨーロッパ諸国の移民規制は緩いから、トランプを批判するかもしれない。だけど、日本の移民規制はアメリカよりはるかに厳しい。安倍さんがこの話題に触れないことは、トランプもわかっている。だから、安心して会えるわけ。ドイツの（アンゲラ・）メルケル首相が先進国でもっともキャリアが長いけど、彼女は移民受け入れ派で、トランプとは合わない。２番目に長い安倍さんをトランプが頼りにするのは当然の帰結だよな。

## ツーショットだけでもとが取れた

**山口**　今回（２０１７年2月）の安倍さんのアメリカ訪問をどうご覧になってます？　ここまで満額回答でいいのか、という印象なんですが。

**髙橋**　今回の首脳会談は40分しかなかったから、もっとも重要な安全保障だけをやったんだ。経済についてはサシでやったら勝つか負けるかわからないんで、安倍さんが得意な安全保障だけサシでやって、勝っちゃった。私も「ここまで良いスタートを切っていいんだろうか」と思ったもん。

**山口**　しかも、ドンピシャのタイミングで北朝鮮（朝鮮民主主義人民共和国）がミサイルを撃ってくれて。安倍さん、北朝鮮と裏でできてるんじゃないかと疑いましたよ（笑）。

**髙橋**　私も北朝鮮が祝砲を上げてくれたと思った（笑）。

**山口**　北朝鮮について安倍さんが記者会見をやると言ったら、トランプが「俺が隣にいたほうがいいだろう」って。日本の首相が声明を出す一歩うしろにアメリカ大統領が控えている。しかも、イヤホンをつけてないくせに、安倍さんの全発言にうなずいている。あんな光景、見たことありませんよ。

**高橋**　あんなの史上初だよね。トランプの発言もおうむ返しでしょう。安倍さんが「アメリカは日本を100パーセント支持すると言ってくれている」と語ったら、トランプも「アメリカは日本を100パーセント支持する」って。そのままじゃん。トランプは外交経験がないから、従来の主従と逆転しちゃった。あのツーショットを全世界に流せただけで、今回の訪米は十分にもとが取れたと思うな。

**山口**　オバマ政権では考えられなかった光景ですよね。脇役となったアメリカ大統領の姿に、アメリカ国内では批判が殺到しています。

**高橋**　トランプって、政治経験も軍隊経験もない初めての大統領なんだ。会社を動かすのと政府を動かすのは違うから、不安なんだと思うよ。非公開の場では「メルケルってどういう人?」「習近平ってどういう人?」「(ウラジーミル・)プーチンってどういう人」って、安倍さんを質問攻めにしてるはずだよ。

**山口**　安倍さんは今度(2017年3月)ドイツに行きますけど、そうするとメルケルに「トランプはこういう人だったよ」と教えられる。世界の首脳とトランプの間に立てる。

いつの間にか安倍さんがキーを握っちゃった。

**髙橋**　もし安倍さんがやってなかったら、誰がそのポジションを獲得していたか？　中国だよ。トランプが移民問題で孤立したとき、習近平が接近したはずだ。入国規制とか人権侵害とかまったく問題視しない国だから、トランプを支持することに障害がない。米中接近を阻止しただけでも、今回の訪米は大きな成果があったわけ。先進国のなかでは、イギリスの（テリーザ・）メイ首相の次に、安倍さんが首脳会談やったでしょう。いち早く訪米したぶん、あとから来たやつが入り込めない関係を作れたんだ。本当に素晴らしいスタートが切れたと思うよ。

## 在日米軍のコストパフォーマンス

**山口**　驚いたのは、トランプから「在日米軍を駐留させてくれてありがとう」という発言が出たこと。もうビックリですよ。いまから振り返れば、すべての駐留費を負担させられるなんて大騒ぎしたのは、何だったのか。

**髙橋**　この問題を持ち出したら不利だと気付いたんだと思うよ。だから、最初から話題にもしない。賢いよ。私もね、もし全額負担を求められたら、どう切り返すべきか、いろいろ考えたんだ。

**山口**　世界的に見れば、日本は払ってるほうですもんね。

**髙橋**　うん。アメリカ軍の駐留経費って、どの国も100%は払ってないんだよ。日本とサウジアラビアは真面目なほうで、75%は払ってる。NATO（北大西洋条約機構）なんて30%ぐらいしか払ってないぜ。韓国も40%でしょ。日本は世界でもっとも払ってるんだ。だから、私が交渉を担当するなら、「まずはヨーロッパや韓国に言えよ。連中が75%まで払うなら、そのとき日本も交渉のテーブルにつく」って返すね。

**山口**　日本やサウジアラビアは圧力をかければ払う連中だって、舐《な》められてるんですよ。それで「思いやり予算」がどんどん増えていった。

**髙橋**　そうなの。でもね、仮に残り25%を払ったとしても、たいしたことないんだ。計算方法はいろいろあるけど、2000億円程度なの。米軍がいなくなったとき、同じ軍事力を確保するためにいくらかかるか計算してみりゃいい。いま日本の防衛費は5兆円ぐらいだけど、これを10兆円に倍増させても、全然足りない。高く見積もると25兆円ぐらいかかる。2000億円を余計に支払えば、20兆円が浮くわけ。

**山口**　それだったら、2000億円ぐらいは出すだろうと。トランプはそれぐらいのことは理解して発言してたでしょうね。

**髙橋**　もちろん理解してるよ。それに日本に米軍がいると、韓国にも高く売れるでしょう。韓国に駐留してる米軍は陸軍が主力で、有事の際に在日米軍の飛行機が飛ばないと、韓国は戦争もできない。韓国と日本で揉《も》め事があったとき、「有事の際に在日米軍の発着許可を出さないぞ」と言えば、向こうは黙っちゃう。有効なカードになるわけ。日本の米軍基地はそれだけ価値が高いんだから、たった2000億円をケチって手放すはずがないと、トランプは読んだんだよ。

**山口**　在日米軍はそれだけ費用対効果が高いと。うーん。考えれば考えるほど、ヤツはよく考えている。

**高橋**　たしかに2000億円を余計に払うことになるけど、そのぶん日米地位協定を是正してもらえば、日本にとって悪い取引じゃないでしょ。この話題が出たら、そう切り返すべきだと、私は考えていた。ところが、トランプは当選後にそこまで理解したから、この問題に触れなかったんだと思う。まあ、トランプは（ジェームズ・）マティス国防長官をすごく信頼してるみたいだから、マティスの口添えもあったんだと想像するけどね。アメリカにとっても在日米軍の戦略的価値は高いんだ。「出ていく」なんて、そもそもありえないよ。

## ああいうオッサンはたくさんいる

**山口**　選挙中にトランプが在外米軍の駐留費の問題を取り上げたのは、おそらくビジネスマンとして気になったんだと思うんです。ビジネス目線で見て、「ちょっとこれ経費かかりすぎなんじゃないの？」って。

**高橋**　それで、相手にちょっとぶつけてみるんだよ、あれ。

**山口**　そうそう。実現可能性はともかく、とりあえず相手にぶつけてみる。相手が「すみません。もっと払います」と言えば、儲けもの。払わなくても損はない。その程度の話の気がする。アメリカ人と交渉すると、だいたいそうなんですよ。とりあえず球を投げてみる。相手の反応を見て、次の手を考える。政治家としては突拍子もないのかもしれないけど、ビジネスマンとしては常識的な行動です。

**高橋**　アメリカ人って、最後は必ず「ディールしようぜ」と言うよね。取引しようというか、話し合おうというか。最終的にはディールで決まるんだから、最初はどんな球を投げてもいいんだよ。交渉に応じるということは、どこかに着地点がある。マーケットって、そうでしょう。買値と売値がとんでもなく離れていて、「どうなっちゃうの、これ？」とか思うんだけど、最終的にはどこかで折り合う。そういうビジネス感覚で対応できるのが、トランプのいいところかもしれないね。

**山口**　すべてがディールだと考えれば、落としどころも見えてくる。たしかに政治家の言動としては、これまでにないアプローチかもしれない。でも、アメリカでずっと仕事をしている僕から言わせれば、ああいうオッサンはたくさんいる(笑)。
**髙橋**　アハハハハ。アメリカ人ってふっかけてくるんだよな(笑)。ダメモトでやってるだけだから、悪気はないんだ。あと、トランプもそうだけど、アメリカ人はすぐお金の話をするでしょう。日本人の感覚からすると「えーっ。こんなに社会的地位のある人が、こんなに細かいお金の話をするのか!」って驚くときがある。
**山口**　トランプは典型的なアメリカ人のビジネスマンですよ。すべての発言を真正面から受け止める必要はないんです。
**髙橋**　あれはきっかけ作りなんだよな。大統領になってからも、日本の円安誘導を批判したと報道されたけど、その発言はホワイトハウスの記録から消されてるの。だって、日本は長いあいだ為替介入をやってないし、金融緩和で円安になってるのが問題だと言うなら「アメリカも金融緩和でドル安にしたら?」と切り返されて終わりでしょう。だから、勝てない勝負はやらないわけ。
**山口**　記録には残らないけど、マスコミは騒ぐ。マスコミが騒ぐと、日本政府も日本国民も「あんまり円安じゃマズイのかなぁ」と萎縮する。そんなオイシイことはないですよね。言質《げんち》をとられず、話題にだけはさせる。賢いなあ。

高橋　賢いんだよ。円安についての発言が出たのは、アメリカの製薬会社との会合上だった。実は、ＴＰＰ（環太平洋戦略的経済連携協定）交渉で、アメリカの製薬業界はオーストラリア・ニュージーランド・日本の連合軍にコテンパンにされたの。医薬品の独占期間を短くされちゃったのね。さすがの私も「日本は勝ちすぎちゃったんじゃないの？」と思ったぐらい。こっちの内容は記録から削除されていない。つまり、この問題を蒸し返したいんだと思う。本当の狙いはこっちなんだ。

山口　円安を牽制する発言は、最初にぶつけてくる球であって、ディールしたいテーマは別にあるということですよね。だからこそ、最初の球だけを見て過敏に騒ぐようなことがあってはいけない。相手の意図を見抜けと。まったく同感です。

## 失業率は口に出さない

高橋　だけどさ、トランプって大統領令が好きだよね。矢継ぎ早に出してる。

山口　まあ、オバマのときも就任後１ヵ月間にけっこう出してますけど。実は、日本で「大統領令」と訳されているものには、エグゼクティブ・オーダーと、プレジデンシャル・メモランダムの２種類がある。前者は具体的な法的根拠に基づいた命令で、いわゆる大統領令として日本人がイメージするようなもの。一方、後者は法的な裏付けがなくて、もうちょっとラフなものです。

**髙橋**　日本のマスコミってさ、その区別すらしないで大統領令って言うんだよな。

**山口**　でね、エグゼクティブ・オーダーには、オバマ・ケアの廃止とかメキシコ国境の問題とか、シリア難民の受け入れ拒否とかいった項目が並んでいる。だけど、TPP離脱はプレジデンシャル・メモランダムのほうなんですよ。トランプが「勝手に言ってる」感がある。ひょっとして、盛り返す可能性はないですか？

**髙橋**　日本の経済産業省なんかは、そういう見方をしてるよね。だけど、私はないと思うよ。今後は多国間のマルチな交渉じゃなく、二国間のバイの交渉をやるしかない。そうはいっても、さっきの医薬品の独占期間みたいなテーマを何個か譲るだけで、9割がたTPPと同じ内容になると予想してるけどね。TPPをベースにしたFTA（自由貿易協定）の交渉になるということ。

**山口**　マルチの交渉は不利で、バイの交渉のほうが有利だと考えるのは合理的ですよね。米韓FTAを見ても明らかですよ。二国間でゴリゴリと交渉をやって、アメリカに有利な条件で協定をまとめる。おかげで韓国はいまひどい目にあっている。アメリカとしては二国間交渉に持ち込むほうが有利なんです。それを「自由貿易の否定」みたいに報道するから、とんでもない暴論のように誤解される。トランプはアメリカにとって有利か不利かで判断してるだけです。

**高橋**　トランプの最大の政策テーマって、雇用を増やすことでしょう。だけど、彼は絶対に「失業率を下げる」なんて表現はしないの。

**山口**　いまのアメリカって、ほぼ完全雇用の状態ですもんね。失業率はこれ以上、下げようがない。

**高橋**　そうなんだよ。だから、絶対に失業率の数字は口にしない。「何千人増やす」みたいな表現しかしないんだ。賢いよ。だから、今後の日本との交渉でも、アメリカに工場を造って雇用を生み出すとか、個別の話になっていく。日本政府としても日本企業に頼むだろうけど、バーターとして現地で減税措置とかしてもらえれば、悪い話じゃない。強面《こわもて》の発言で心配してる人が多いかもしれないけど、そうひどいことにはならないよ。トランプがビジネス感覚で考えてくれるのは楽なんだ。主義主張で動かれたら、ディールしようがない。損得勘定で動くんであれば、ディールできるじゃない。

## 名門好みのアメリカ人

**山口**　今回の日米首脳会談では、経済については麻生（太郎）副総理と（マイク・）ペンス副大統領に任せる、と言って終わりでしたね。

**髙橋**　うん。今回は最重要の安全保障だけで、経済の話はなし。これからだよ。

**山口**　ペンスって、日本にとってはすごくラッキーな人選だと思います。前職はインディアナ州知事でしょう。インディアナ州って、すさまじい数の日本企業が進出してる州なんです。700社ぐらいは行ってると思う。ケンタッキー州やカリフォルニア州も多いけど、比較にならないぐらい多い。あんな州はほかにない。州知事時代、何度も日本を訪れて日本企業を誘致したのが、ほかならぬペンスなんです。つまり、日本企業がどれだけアメリカ経済に貢献してるか、もっとも知ってるアメリカ人と言っていい。

**髙橋**　ああ、それはいいね。安倍さんもすでにトヨタの社長とか財界人に会って、「工場を造ってくれ」なんて話はしてると思う。

**山口**　今回、安倍さんと麻生さんが二人で訪米したのは、彼らの育ちって関係してないですか?

**髙橋**　完全にあると思う。麻生さんなんか、天皇家の親戚だからね。アメリカとの交渉で、血筋が持つ意味は大きいよ。

**山口**　やっぱりそうなんだ。安倍さんだって岸信介（元総理）さんの孫だし、妻の昭恵さんも森永（製菓）の社長のお嬢様でしょう。アメリカ人と仕事してて、「どうして、お前ら、ここまで名門が好きなんだ!」とあきれることがある。

**髙橋**　歴史が短いぶん、名家に対する憧れが強いんじゃないの。アメリカの歴史って、たかだか２００年強でしょう。私の家は３００年ぐらい先祖をたどれるんだけど、こんなの日本じゃ珍しくないよね。ところが、アメリカで言うと、みんな「ええええー！」って腰を抜かす。なんかすごい名家のように誤解してくれるんだ（笑）。

**山口**　僕の大学時代の同級生に、有名な男爵の孫がいて、三菱商事に就職したんです。あるパーティがあって、当時はモルガン・スタンレーに勤めていた僕も出席した。ホワイトハウスの連中も顔を出すような、本格的なパーティです。ところが、その男爵の孫はまだペーペーだというのに、なんと三菱商事の支店長より上席だった（笑）。「なんで、お前、こんなとこに坐ってんだよ！」って。名家の出の威光のすさまじさに驚きました。

**髙橋**　アメリカに貴族はいないから、「おおーっ」と思うんだろうな。

**山口**　モルガンでも似たような体験をしてます。日本人の学生を採用するときに、東大・京大・早稲田・慶応まではわかる。でも、評価として、その次が学習院になる。「ものすごく血筋のいい人たちだから、採用しなきゃ」と考えちゃうらしくて。「学習院卒といってもいろんなやつがいるんだから、ちゃんと人を見ろよ」って、よく喧嘩してました。トランプが典型的なアメリカ人であるならば、麻生さんを連れてって大正解だと思いますね。やっぱり交渉ってのは、相手を見てやるもんです。

## 経済政策はいい

**高橋**　トランプの経済政策って、案外悪くないんだよ。ポール・クルーグマンが大のトランプ嫌いで、選挙中はボコボコに叩いてたじゃない。だけど、「経済政策はいい」と言っちゃった（笑）。積極財政と規制緩和。ケインズ政策で財政出動をガンガンやれば、景気は必ず良くなるよ。

**山口**　就任前からそれを織り込んで、株価もガンガン上がっていますね。

**高橋**　積極財政と規制緩和の部分はレーガノミクスに似てる。減税をやる一方で、軍事費や社会保障費にお金をつぎ込んだ。日本の知識人は「レーガノミクスで財政赤字が増えたじゃないか」と批判するんだけど、多少の赤字なら、雇用が増えるほうがいいよね。アメリカ人はそう割り切ると思う。

**山口**　アメリカ人ならそう考えると思う。

**高橋**　レーガノミクスと違うのは、それに加えて金融緩和も続けそうなこと。レーガノミクスのときはポール・ボルカーがFRB（連邦準備制度理事会）議長で、インフレ抑制のために高金利政策をとった。でも、今回は逆に低金利にもっていきそうな気がするのね。なぜかというと、トランプは不動産業界の出身だから。

**山口**　ああ、なるほどねえ。これまで借り入れる経験しかしてないから。

**髙橋**　体質的に低金利を好むんじゃないの？

**山口**　現FRB議長のジャネット・イエレンは「ゆるやかな利上げを数年間続ける」と言ってますけど、実は彼女自身がもっとも利上げをやりたくない人なんですよ。雇用の専門家だから、「お前が利上げしたせいで失業率が上がった」なんて、絶対に言われたくない。だから、ほぼ完全雇用を達成した現在ですら、「雇用の状況を見守っている」なんて発言をする。両者の利害は一致してると思います。

**髙橋**　仮にほかの理事が利上げを迫ったとしても、FRBの人事権は議会が握ってるんだよね。実は、いま理事に欠員があるのに補充していないんだよ。議会の多数派である共和党は利上げに反対だけど、この人事権は有効なカードになる。1回2回の利上げは許しても、何回もやることは許さないと思うよ。

**山口**　そうすると、イエレンが「年に2～3回の利上げを行う」と発言するたびにマーケットは大きく動くけれども、実際にはやらない（笑）。

**髙橋**　実際にはやらない（笑）。そういう展開になるよ。でね、トランプが積極財政と規制緩和と金融緩和をやるとなると、アベノミクスそっくりなの。トランプが当選した直後、安倍さんがすぐ電話をかけて会う約束をしたでしょう。あのとき「アベノミクスを教えてくれ」って言われたらしいよ。トランプもアベノミクスって単語を知ってたぐらいで、アメリカでは評判のいい政策なんだよ。

## ボルカー・ルールは撤廃する

**山口**　積極財政、規制緩和、金融緩和って、共和党の伝統的な政策ですよね。ウォール・ストリートはずっと共和党寄りだから、トランプ大統領の誕生に沸き立ってますよ。財務長官も元ゴールドマン・サックスのスティーブン・ムニューチンですしね。リーマン・ショック後にものすごくきつい金融規制が入ったじゃないですか。いわゆるボルカー・ルール。

**髙橋**　ボルカー・ルール（が中核をなす）、ドッド・フランク法（金融規制改革法、2010年成立）ね。あれは日本人の私から見ても「きついな」と思うレベルの法律で、ここまでやる必要あるのかって感じだよね。

**山口**　まずはレバレッジ規制。かつては自己資本の100倍ぐらいの資金を動かすのが普通だったのに、いまや3～4倍しか動かせない。だから、ヘッジファンドは青息吐息ですよ。さらに取引報告。売買したものを毎日、FRBに報告しなきゃいけないんだけど、これがものすごく煩雑で。

**髙橋**　あんな報告、やってもしょうがねえよな。トランプもけっこう勘どころが良くて、ドッド・フランク法撤廃と言ってる。規制緩和だよね。けっこうまともな政策だよ。

**山口**　リーマン・ショックの混乱をおさめるために、ドッド・フランク法は生まれた。だけど、ビジネスマンの感覚からすれば、基本的にマーケットに介入するのは好きじゃない。特に共和党の人は好きじゃないと思いますよ。トランプがそれを撤廃したいと言うのは、非常によくわかる。

**髙橋**　ドッド・フランク法の撤廃と減税に関しては、確実にやると思うよ。あとの政策は議会との関係次第だけど、このふたつを実現するだけでも、ウォール・ストリートとしては大満足なんじゃないの。

**山口**　そうですね。ただ、減税と公共投資を同時にやるって報道されてますけど、僕はないと思う。投資を促進するために投資減税みたいなのはやるでしょう。だけど、減税しながらネットで公共投資を増やすことはしないと思う。あくまで民間が投資してくれたらその分は減税するというわく組みなんじゃないかな。

**髙橋**　普通に考えると、そうだよね。ただ、私だったら「政府紙幣を発行すれば、減税と公共投資は両立できる」ってアドバイスするな。なので、方法がないことはないんだ。そんなことやったら、みんなパニックになると思うけど、ありえない話ではない。

## ヒラリー小吉、トランプ中吉

**山口**　今回は議会で上院・下院とも共和党が過半数を取ったでしょう。ジョージ・ブッシュ大統領のとき以来だから8年ぶり。これでもし民主党のヒラリーが大統領になってたら、外交も国内政策も、何も決まらなかったでしょうね。

**髙橋**　アメリカの大統領って意外と権限がなくて、議会の力が強いんだよな。ネジレだと、何も決められない。

**山口**　トランプは共和党内にまったく支持基盤がない。むしろ反トランプ勢力のほうが多い。だけど、今後は議会の協力を求めて、共和党に歩み寄っていくはずです。けっこう普通の政権になっちゃうかもしれない。僕はヒラリー勝利が小吉で、トランプ勝利だと「もしかしたら中吉になるかも」と考えてたんですよ。

**髙橋**　大統領がヒラリー、上下院が共和党というネジレが最悪だったことは事実だな。そう考えると、案外いいのかもしれない。経済政策を見てると、歴代大統領のなかでもいい大統領になるんじゃないかと考える人はけっこういる。

**山口**　僕も、どちらかと言えばそっちですね。ヒラリーよりはましだったと思う。

**髙橋**　オバマ政権との継続性で政策が読める点では、ヒラリーのほうがいい。だけど、ヒラリーは中国べったりだったから、日本にとっては……。

**山口**　民主党は伝統的に中国との関係が長いですからね。一方、共和党にはアンチ・チャイナの人がけっこういる。だから中国と喧嘩するってわけじゃないけど、民主党政権よりは中立的になると思う。

**髙橋**　民主党政権って、第二次大戦後は2期8年しか続いてないでしょう。アメリカ人のバランス感覚というか、やっぱり3期は嫌なんだと思うよ。それと、アメリカ人の友人が大真面目に言ってたけど、「黒人大統領だけで十分。その次が女性大統領だなんて勘弁してくれ」と。彼は非常にリベラルな人間なんだけど、そういう差別意識もあるんだよな。

**山口**　日本人にはなかなかわかりづらい部分だよね。

**髙橋**　そういう差別意識はあると思いますよ。

**山口**　だよねえ。アメリカはレディファーストの国ではあるけど、根っこに女性蔑視の流れもある。だからヒラリーが「ガラスの天井」なんて言葉で怒ってるわけでさあ。女性がトップに立つのを嫌がる人がけっこういるんだ。

**山口**　あとねえ、ヒラリーは女性に人気がないんですよ。アメリカ初の女性大統領が生まれるかどうかという歴史的な局面なのに、オバマのときより女性票は減っている。そこまで女性に支持されていないのかと。オバマのときと比べて唯一増えたのが、60歳以上の白人の男性知識層です。これはヒラリーを積極的に支持したというより、トランプみたいなエキゾチックなやつを当選させてたまるか、という批判票ですよね。

## アメリカ人の本音を代弁した

**髙橋**　トランプの英語とヒラリーの英語って対照的だよね。トランプはわかりやすいけど、ヒラリーなんてワーッとしゃべられたら聞き取れないときがある。

**山口**　ヒラリーは言い回しも難しいし、難しい単語を使ってましたよね。いかにも「私はいい成績で大学を出て、エリート街道を歩んできたのよ」という臭いがプンプン出てる。どこの国でも知識や教養をひけらかす人がいるけど、そういうタイプ。だから、大衆受けしないんだと思います。そういう意味では、トランプが勝ったというより、ヒラリーが負けたと私は考えてます。

**髙橋**　鼻もちならないタイプね。どんなに優秀でも、もうちょっと可愛げがないと世論は味方しない。トランプみたいにちょっとおバカな感じがするほうが人気は出るんだ（笑）。むしろ旦那のビル・クリントンのほうが、ちょっとおバカで人気はあるよね。有名なエピソードだけど、ビルと一緒に地元アーカンソーに戻ったとき、ガソリンスタンドでヒラリーの元ボーイフレンドが働いていた。それでビルが「良かったね。もし僕と結婚していなかったら、君はいまごろ彼の奥さんとしてこのスタンドで給油していたかもしれない」と言ったら……。

**山口**　すかさずヒラリーが「違うわ。そうだったらあなたではなくあの男が大統領になっていたのよ」。この「すかさず」という部分の凄《すご》みね。頭の回転が速いんですよ。優秀だし、自信もあるし、それを隠そうとしない。いちばん嫌われるタイプの女ですよ。だから、ビルがセックス・スキャンダルを起こしたときも、アメリカの世論は同情的だった。「奥さんがヒラリーなら、しょうがないかな」って(笑)。

**髙橋**　選挙期間中、トランプがヒラリーのことを「ナスティ・ウーマン」ってこきおろしたのは、笑っちゃった。

**山口**　慇懃《いんぎん》無礼で嫌な感じの女だと。それって、アメリカ人男性のほとんどが感じていたことだと思うんです。もちろん、絶対に言葉には出しませんよ。でも、トランプはそうしたアメリカ人の本音を掬い上げた。心のなかで拍手している人は多いと思います。アメリカには人種差別も性差別もある。いままで誰も口に出さなかっただけです。

**髙橋**　すべてを本音でやっちゃうから、マスコミをはじめとするインテリ層が戸惑ってる部分はあるよね。

**山口**　これまでの政治は建前の世界だった。政治家として、初めてアメリカ人の本音を代弁したのがトランプなんです。そこを理解しないと、どうしてトランプが支持されたのか、いつまでたってもわからない。いまのアメリカ社会がどうなっているか、いまのアメリカ人が何を考えているかを無視して、日本の感覚だけで批評しても意味ありませんよ。

## なぜ小学生にもわかる英語か

**髙橋**　ヒラリーに比べるとトランプの英語って、小学生が使うような言葉だから、日本人にも理解しやすい。あれは意図的にやってるんでしょ？

**山口**　完全に計算ですよ。１９８７年に会ったときは、あんなじゃなかった。ものすごく上品で丁寧、かつ格調の高い知的英語を話していた。きわめて洗練されたビジネスマンでしたよ。

**髙橋**　それが、どこかの時点で変わったということだな。

**山口**　そうなんです。不動産投資で失敗して姿を消したと思ったら、２０００年代に入ってテレビの世界に現れた。「アプレンティス」って番組が大ヒットするんです。トランプの右腕となることを目指して、挑戦者がさまざまな課題に取り組むサバイバル・ゲーム。トランプの決め台詞「ユー・アー・ファイアード（お前はクビだ）！」が流行語になった。で、その次はなんとプロレス（ＷＷＥ）に登場した。

**髙橋**　アメリカのプロレスってどんな感じなの？

**山口**　完全にエンターテインメントのショーですよね。日本のプロレスみたいな格闘技的要素は少ない。日本で大企業のサラリーマンが「プロレスのファンです」と言っても普通だけど、向こうで同じことを言ったら、バカだと思われて白眼視されるみたいな。左遷されかねないような感じですよ。要するに、白人で教育レベルの低いお金のない層の人たちが熱狂する大衆ショーなんです。

**髙橋**　今回の選挙で注目された白人貧困層というやつね。野田（佳彦）前総理がプロレスファンを公言してるけど、アメリカで言ったらバカ扱いされかねないぞ（笑）。

**山口**　トランプのは「バトル・オブ・ザ・ビリオネアーズ」という番組で、二人の億万長者が代理人のプロレスラーに戦わせる。ここでトランプは白人貧困層を鼓舞する言葉を身につけるわけです。小学生でもわかる英語でないと、教養がない層の心をつかめないと気が付いた。

**髙橋**　そもそもはプロレスで身につけた言葉だったわけだ。

**山口**　実はトランプは2000年の大統領選にも挑んで、改革党から出馬しようとしたけれど撤退してるんですが、今回はこの武器を使えば、現状に不満を持つ白人貧困層の票が集まると考えたんだと思う。だから基本は小学生レベルの英語で、中学生レベルの単語が少し入る程度の言葉づかいに徹している。

## プロレス的な政治手法

**髙橋**　たしかにトランプの政治手法ってプロレス的な感じがするよな。リングの上で過激な言葉を大声でわめき散らし、相手を挑発するんだけど、実際に試合が始まったら、相手に怪我させないよう、暗黙のルールを守って戦う（笑）。

**山口**　悪役レスラーのアブドーラ・ザ・ブッチャーが私生活では紳士として有名だった、みたいな話ですよね（笑）。リングに上がったら、与えられた役割を演じるわけです。演じてる部分に過敏に反応しても仕方がない。

**髙橋**　トランプが観客を直接、鼓舞するツールとしてツイッターとフェイスブックがある。中抜きされちゃったマスコミは大変だよ。テレビや新聞を見ると、アメリカでは反トランプ集会ばかりやってるように思っちゃうけど、実際はそうじゃない。マスコミの焦りがああいう報道につながってるんだと、一歩引いて見るほうがいい。

**山口**　マスコミの報道って本当にひどい。デタラメばっかりですよ。トランプがマスコミをシャットアウトしたことで、ツイッターの解説だけになっちゃったけど、日本のマスコミはそのツイッターすらきちんと読んでない。海外の報道のコピーをしてるだけで、向こうが間違ってても、そのまま流しちゃうことも多いです。

**高橋**　トランプのツイートは超簡単なんだから、直接当たれよなあ。たまに難しい単語が出てくるぐらいで、小学生でも読める英語なんだから。

**山口**　文法がものすごく簡単なんですよね。オバマのツイートは過去分詞が出てきて、仮定法過去が出てきて、「これ受験勉強かよ！」って感じだったけど、トランプのツイートには現在形と過去形しかない（笑）。

**高橋**　オバマみたいなもったいぶった言い回しのほうが、なんとなく賢そうに見えるんだよ。マスコミをはじめとするインテリ層は、ペダンチックな物言いのほうを好むんだ。そのうえトランプから「フェイクニュース」扱いまでされちゃってるしさ（笑）。まあ、その通りなんだけど。いい加減な報道ばっかりだよな。なかには「トランプは自由貿易を知らない」みたいな批判をするやつまでいるでしょ。知らないわけないじゃないか。ウォートン・スクール出てんだぞ！

**山口**　骨の髄まで知ってますよ。よく理解したうえで、どうすればアメリカに得なのかと考えてるだけです。ホント、マスコミの報道って間違いだらけですよね。潰れたほうがいいって思う新聞社が山ほどある。あるアンケートによると、新聞に書いてあることが正しいと思っているイギリス人は2割しかいない。ところが、日本では7割もいる。メディア・リテラシーが上がってきても、まだこのありさまです。いまだに小学校で「新聞を読みなさい」って教育をやってるんですから。

**髙橋**　ダメだよお、あんなの読ませちゃあ。

**山口**　僕も思わず、ある地方の小学校の講演会で「こんな間違ったの読ませちゃダメです」と言って、校長先生を硬直させちゃった。

**髙橋**　頭が硬直した左派の人がどの業界に多いかというと、学校、役所、マスコミ、規制業種。つまり、ビジネスをやっていない人たちなの。だから、損得勘定で考えられないんだよ。思想信条の人たちだから、「べき論」で考えちゃう。

**山口**　でも、損得勘定で考えないと、トランプの求めるものが見えてこない。ちょっと変わったオッサンに向かって「何々すべきだ」なんて説教するのは無意味です。相手をビジネスマンとして考えれば、そのロジックも見えてきて、どうやって付き合うべきかわかると思うんですけどねえ。

**髙橋**　私もさ、よくマスコミの人から「なんでトランプを擁護するんですか！」って詰問されるんだよ。だけど、べつに擁護してるわけじゃないの。相手がバカのふりをしていることを見抜く。相手の本心がどこにあるのかを見抜く。冷静に相手を観察して、「相手がこう言ってきたら、こう切り返そう」と考える。それこそ日本の国益にかなうんだ。表面的な言葉に翻弄《ほんろう》されず、客観的に分析する。マスコミみたいに最初から相手を全否定しちゃったら、そこで終わりじゃない。感情的になっても仕方がないよ。

## 殉職者は一人

**山口**　トランプは1990年代に2回、2000年代に2回と、合計4回も破産してるんです。そのたびに人が去っていくのを見てきた。つらい経験をしたぶん、人を見る目があるかもしれませんね。

**髙橋**　安倍さんも人を見る目がシビアなんだよな。第一次安倍政権のとき、病気で退陣したでしょう。ああいう辞め方をしたんで、周りから人がサーッと消えていった。だって、のちに再び総理に返り咲くなんて、誰も想像しないじゃない。「あのときは地獄みたいだった」って、いまでもよく言うよ。

**山口**　マスコミもひどい叩きようでしたもんね。

**髙橋**　健康問題なのに、言葉にできないほど下品な話ばっかりね。ああいう報道は良くないよ。だから安倍さんはマスコミを信用していない。まあ、官僚も信用してないな。当時、私は首相補佐官補って立場だったんだけど、秘書官5人とか、全部で15人ぐらいの官僚が安倍さんの周りにいて、みんながみんな「安倍内閣に骨をうずめます。安倍さんが辞めるなら、一緒に辞めます」と宣言してたんだ。ところが、結局、殉職者は私一人だけだった。誰も彼も官庁に戻っちゃったの。みんな調子がいいんだよ。

**山口**　そこで辞めるほうが珍しいんでしょう？

**高橋**　官邸から役所に戻れば、すっげえ出世するからね。ここで辞めるのは不利なんだ。私も「退職金を払えないので、財務省に戻ってください」って言われたもん。そもそも役所に戻るのが大前提で来てるから、官邸に退職金を出す予算がないわけよ。最後は財務省が予算つけてくれることになったけどね。

**山口**　みんな言うこととやることが違うんだよなあ。急に手のひらを返しちゃう。平気で嘘をついてね。経験あるから、よくわかります。

**高橋**　安倍さん、よく冗談で言うよ。「あのとき、みんな官庁へ帰ったよなあ。つらかったなあ」って。でも、ボトムのときこそ人を見てるんだ。誰が助けてくれたか覚えてる。当時の秘書官で今井（尚哉《たかや》）ちゃんというのがいて、経済産業省に戻ったんだけど、真面目な男だから、その後も変わらず安倍さんと親密に付き合った。だから、いまの第二次安倍政権でも秘書官をやってる。おべっかばっかり言ってたのに手のひらを返したやつは、いまや影も形もないよ。

**山口**　じゃあ、髙橋先生のこともよく覚えてるでしょうね。

**高橋**　たまに「辞めたの髙橋さんだけだったなあ」と笑ってる。私なんかは政治的な振る舞いに興味がないタイプだから、特に深く考えず、その後も普通にお付き合いしてたんだよね。だって、安倍さん、全然ヒマになっちゃってさあ。議員会館に電話すると、簡単にアポとれちゃうの。「すぐ来い」と言うから行って、いろんな話をするわけ。そのとき話したことが、いまのアベノミクスの土台になっている。

**山口**　自分こそ「安倍晋三のボトムを支えた男」じゃないですか（笑）。

**髙橋**　いやいや。あまり何も考えず、単に仲良くしてたってだけなんだ。

## ボトム経験者の強み

**山口**　安倍さんは突然の辞任もそうだけど、仮病疑惑もマスコミで騒がれて、国民の心証を悪くしましたよね。

**髙橋**　あのとき安倍さんの腸が悪かったのは事実なの。ところが、ある国会議員が「こんな薬を飲んでるの？」と驚いて。その議員の親戚がその病気の専門家だったから、処方箋の間違いに気付いたわけ。それでアサコールって薬に替えたら、すぐ治ったんだよ。

**山口**　そんなに劇的に効いたんですか。

**髙橋**　もう以前の姿が想像できないぐらい。官邸にいた頃、安倍さんが酒を飲んでる姿を一回も見たことがないんだ。スタッフには「遠慮せず飲んで」ってすすめるくせに。ところが、辞めたあと、急にカパカパ飲むようになって。仮病を疑われても仕方のない変わりようだった。私なんか、「ここまで元気になるのも、これはこれで問題ですよ」と言っちゃったぐらい。一時は政治家を辞めるって話もあったんだけど、元気になったから政治活動したいと。私の話す経済政策に興味を持って、議員連盟でも作るかと。

**山口**　議連に人は集まったんですか？

**高橋**　集まらない。誰も参加しないの。最初は安倍さんを入れても4人だけだった。中川秀直さん、山本幸三さん、田村憲久さん。中川さんはもう政治家を引退しちゃったけど、山本さんと田村さんは派閥が違うのに、第二次安倍政権でも大事に扱ってるでしょう。やっぱりボトム時代のことをよく覚えてるんだよ。

**山口**　ボトムを経験すると、見える景色が変わってくる。ボトムを経験した人間は強いですよね。

**高橋**　まったくその通りだと思う。普通なら、「もう一度、総裁選に出よう」なんて考えないじゃない。だけど「べつに3位でもかまわない」と割り切ってるから、強いんだよ。ああいう形で辞めた以上、自民党が政権についたあとではチャンスはない。野党でいる間しか復活の線はないと考えてたんだと思うよ。あとは運だよね。石原伸晃さんが失言で失速して、実は石破茂さんを支持していた小泉進次郎さんが誰を支持するか事前に言わなかったという運もあった。

**山口**　なんだかトランプを見てるようですよね。ボトムから復活して、ヒラリーの自滅という運もあって当選した。

**髙橋**　だから、二人は合うような気がするの。地獄を見たもの同士で、言外に通じ合うものがあると思う。

**山口**　トランプなんて4回も破産してるから、根性ありますよ。どん底から毎回毎回、這《は》い上がってきてるところもすごい。批判されることに慣れてるから、あれだけ叩かれても動じてないと思う。

**髙橋**　ボトムではボッコボコに叩かれるからね。安倍さんだって、もしあのまま引退してたら「だからお坊ちゃんはダメなんだ」で終わってた。地獄の時代を思い出せば、ある程度のことは耐えられるんだよ。「いつ辞めてもいい」って開き直れば、大胆に勝負できる。日米ともにボトム経験者って、案外いい組み合わせかもしれない。

## なぜゴルフだったのか

**山口**　首脳会談では、ずいぶんゴルフをやったじゃないですか。あれを「遊びに行った」みたいに批判するやつがいるんだけど、バカじゃないかと思う。トランプが典型的なアメリカ人ビジネスマンだと考えると、きわめて正しい戦略です。ビジネスの現場では、一緒にゴルフしないと大きなディールはまとまらない。

**高橋**　そんな感じあるよね。安倍さんは学生時代と神戸製鋼に勤めてた時代で、計4年もアメリカにいたから、そんな習慣も知ってると思う。私も内外の高官からパーティに誘われたりするけど、ゴルフで親しくなってる連中とは、親密度が違う感じがするもん。そういうときは「ゴルフやっときゃよかったな」と思う。

**山口**　いまから始めても、全然遅くないですって。

**高橋**　いやいや、昔は競技ゴルフをやってたの。ところが1990年代に大蔵省接待汚職事件ってあったじゃない。あのときに私も東京地検特捜部からあらぬ疑いをかけられて、すごく嫌な思いをしたわけ。マスコミにも接待ゴルフに行ったとか書かれてさあ。その日は自分が会員になってるゴルフ場に行ってたんで、疑いは晴れたんだけど、なんとも情けない証明の仕方でしょ(笑)。なんかもう嫌になって、それから20年近くゴルフに近づいてないわけ。

**山口**　ところでアメリカのゴルフ場って、日本と少し違うんですよ。キャディがほとんど入らないんで、お偉方でもセルフでやる。4人でコースを回るとして、ほかに誰も聞いていないから、秘密が漏れない。密談をやるにはもってこいなんです。「もしこれをワンパットで沈めたら、さっきのディールの条件は譲ってもいいよ」なんて非公式のやり取りもある。建前を超えた人間関係が生まれるわけです。

**高橋**　それで頻繁に使われるんだよな。今回のフロリダでもさ、午前の18ホールは世界的なプロを入れた4人で、午後の9ホールは二人だけで回った。カートの運転は、ずっとトランプがやってくれたらしいよ。

**山口**　二人だけなら、完全な密談になりますね。

**高橋**　安倍さんは英語ができるから二人きりがベストだったんだけど、今回はなぜか通訳を入れちゃったんだ。とはいえ、午前は4人乗りのカート、午後は二人乗りのカートでしょう。通訳の座席がない。カートにしがみついて通訳するから、両手がふさがってメモがとれなかった（笑）。記録はとられてないわけ。

**山口**　ゴルフ場にはほとんどマスコミを入れなかったんですよね。

**高橋**　口唇術で、何をしゃべってるか読まれちゃうからね。日本から随行した記者は怒ったらしいけど、当然だよ。密談をやるんだから。

**山口**　アメリカ人ビジネスマンって、本当にゴルフが好きなんです。少なくとも優秀なビジネスマンで、ゴルフをやらない人に会ったことがない。アメリカでは野球やアメフトも人気があるけど、出身地ごとに応援するチームが違うから、下手すりゃ喧嘩になっちゃう。ゴルフはどこかの地域を熱狂的に応援するとかないので、商談に向いてるんですよ。

**髙橋**　ヨーロッパの人はそんなにゴルフって言わないよね。ドイツとかフランスだと、ほとんどやらない。

**山口**　ゴルフ発祥の地であるイギリスでも、やる人とやらない人がいる。でも、アメリカ人ビジネスマンはみんなやる。

**髙橋**　アメリカ文化なんだよね。在日米軍だって多摩ヒルズゴルフコースってゴルフ場を持ってるぐらいだから。

**山口**　モルガン・スタンレーにいたときビックリしたのは、会社が成田空港のすぐ横のゴルフ場の会員権を持ってたんですよ。成田ゴルフ倶楽部っていうの。で、偉いさんはアメリカから飛行機で成田空港に着いたあと、まず1ラウンド回ってから東京オフィスに来る。時差ボケとかあるんじゃないかと思うけど、それぐらい好きなんです。帰りも同じで、必ずゴルフをしてから飛行機に乗る。

## トップの仕事は信頼醸成

**髙橋**　ゴルフをやったあと、一緒にシャワーを浴びるでしょう。裸の付き合い。そのぶん親しくなれる。

**山口**　お互い包み隠すものがなくなっちゃいますからね。一気に親密になる。アメリカ人はゴルフが大好きだけど、面白い特徴があって、嫌いなやつとは絶対に一緒に回らない。そういう意味で、安倍さんとトランプが終日ゴルフをやったのは、日米関係にとっては大きな一歩だと思います。

**髙橋**　トランプはゴルフ場の経営もしてるし、好きなんだろうね。スコアは60台を出したことがあるというから、相当うまいよ。当選直後に安倍さんが訪米して、トランプに本間（ゴルフ）のドライバーを贈ったじゃない。あれは今回、あまり使わなかったらしい。彼の年齢を考慮して、軟らかいシャフトのドライバーを買っちゃったんだ。

**山口**　もっと硬いシャフトのほうが良かったんですね。トランプのスイングを見たら、もうアスリートの域に達してますもんね。

**髙橋**　そうなの。あのスイングに、ジジイ用のドライバーは合わない。ドライバーを買った人が、トランプの腕前をよく知らなかったんだろうね。

**山口**　トランプはずいぶん昔からゴルフやってるから、ものすごく上手ですよ。ちなみに、安倍さんの腕前ってどうなんですか？

**髙橋**　安倍さんの腕前は……、これは国家機密になってるから言っちゃいけないらしいんだ（笑）。まあ、多少下手なほうが、可愛げがあっていいじゃん。ハンディもらうとかね。

安倍さんのおじいさんの岸さんはかなりうまかったらしい。当時の（ドワイト・D・）アイゼンハワー大統領とワシントン郊外でゴルフやって、一気に親しくなっちゃった。あれこそゴルフ外交の見本だよ。

**山口**　ゴルフは性格が出るから面白いですよね。最高権力者の性格が見える。

**高橋**　オバマのゴルフはつまんないらしいんだ。真面目すぎて。ビル・クリントンのほうが面白いって言ってたな。おおらかなゴルフで、誤魔化しとかOKなんだって。トランプも非常におおらかららしいね。池に何発ぶち込んでも、最初のやつがフェアウェイだったと言い張る。自分のゴルフ場ではルールも自分で作れる（笑）。

**山口**　まあ、おおらかじゃなければ、あれだけ奔放に発言できないし、叩かれたら気に病みますよ。おおらかな人なんでしょう。

**高橋**　そんなことで外交が動くのかと思う読者もいるだろうけど、人間ってそんなもんだよ。まずは相手を好きになるかどうか。小難しい話はあとからついてくるし、部下に任せりゃいいんだ。トップの仕事というのは、相手のトップと人間的な信頼関係を結ぶこと。それが安倍さんの持論だけど、私もその通りだと思うよ。

**山口**　そう思いますよ。特にピンチのときに、そういう個人的関係が威力を発揮する。リーマン・ショックのときにモルガン・スタンレーが潰れかけたでしょう。だけど、CEO

のジョン・マックと、三菱東京UFJ銀行で初代頭取やってた畔柳《くろやなぎ》信雄さんがものすごく親しかったんです。畔柳さんがすぐジョン・マックに話を通して、たった1週間で支援が決まっちゃった。たった1週間ですよ。シャープ支援のときの鴻海《ホンハイ》（精密工業）より意思決定が速いなんて、日本企業としては珍しい。トップ同士でことを決められるかどうかって、ものすごく大きいと思う。

**高橋**　トップ同士で信頼関係を作っておけば、「あとは部下に任せた」ばかりになる。その後の交渉もスムーズに運ぶわけ。だから、まずはゴルフで親しくなるんだ。そこを野党やマスコミはまったくわかってないよね。

**山口**　アメリカ人とのビジネスってそういう感じです。よくアメリカでは分厚い契約書を作るとか言うけど、僕なんか、いつもA4の紙1枚だけですよ。仲のいいやつとしか仕事をしないから、それで十分なんです。分厚い契約書を作っても裁判をやってるやつはいるのに、僕は裁判なんて一度も巻き込まれたことがない。トップ同士が信頼関係を作るって、そういう意味があるんです。

### サウナが命運を握る

**高橋**　アメリカ人の場合はゴルフでいいけど、ロシア人になると、今度はサウナが命運を握る。政府高官から聞いた話で、私は経験ないんだけど、ロシア風の儀式があるらしいんだ。一緒にサウナに入って、お互いの股間を握り合う（笑）。

**山口**　それ、本当ですよ。僕も丸紅でモスクワに行っていたとき、いちばんビックリしたのが、その儀式です。ビジネスを始める前、相手と一緒にサウナに入って、「俺たちは運命共同体だよな」と股間を握り合う。ロシアでは一般的です。

**高橋**　安倍さんはプーチン大統領とそれをやる覚悟があるらしいんだよな。1990年代に（ボリス・）エリツィン大統領が来日したでしょう。あのとき北方領土の交渉がうまく運ばなかった理由は、当時の橋本龍太郎首相が握り合うことができなかったからだ、という説がある。

**山口**　なんでできなかったんですかね？

**高橋**　汚いと思ったんじゃない？　手を握り合うんじゃなく、手で握り合うんだから。アハハハハ。いずれにせよ躊躇《ちゅうちょ》しちゃった。だけど、人間関係ってそんなもんだよ。そこまでの覚悟がないと、外交なんてできない。

**山口**　いや、ビジネスも一緒ですよ。僕だって握り合ったもん。

**高橋**　もしヒラリーが大統領になっていたら難しかったけど、今後は北方領土の交渉もやりやすくなった。トランプは「どうぞお好きに」って態度だからね。本当は2島返還でまとまりかけていたのに、介入して話をややこしくしたのは、過去のアメリカ政府なんだ。アメリカの邪魔がなくなれば、まとまる可能性も出てくる。4島返還でないと不満な人もいるだろうけど、そのぶんロシアからエネルギーをもらえばいいよ。

**山口**　ロシアは国家財政の8割をエネルギー輸出関連でまかなっている。売りたくて仕方ないわけですよ。日本が買うとなったら、大喜びです。

**高橋**　アメリカからもシェールオイルを買えばいいよね。トランプは国内に石油パイプラインを作る大統領令を出した。今後はアメリカ産石油の生産量は増えていくんだし、日本にも売ってくれるよ。アメリカ、ロシア、中東の三本立てでエネルギー輸入するようになれば、もっと安く買えるんだ。

**山口**　アメリカやロシアから大量に買うことになれば、中東勢のパワーは弱まる。エネルギー価格が劇的に下がる可能性は高いですね。

**高橋**　安倍さんはプーチンと馬が合うみたいね。それでなきゃ、あんなに頻繁に会わないよ。2016年は7ヵ月で4回も会ってるんだから。ロシア語で「トゥイ」と呼び合ってるとか言ってた。親しい相手に「お前」と呼びかけるニュアンスの言葉らしいけど。「お前と俺」みたいな仲間意識だよな。だから、トランプとプーチンと安倍さんが3人でサウナに入ってくれないかなあと妄想してて（笑）。

**山口**　3人で握り合う（笑）。実現したらすごいですよね。プーチンは支持率80％台で、しばらく辞めそうにない。トランプは最初の4年が始まったばかり。安倍さんもさらに続きそうですよね。3つの長期安定政権が手を結ぶ。トランプはプーチンを評価してるみたいだから、ありえない話でもない。

**高橋**　人間関係の構築を考えても、長期政権って重要なんだよ。日本の総理はコロコロ替わるから、外交がうまくいかないんだ。プーチンは6年を2期で12年やるつもりだと思う。習近平も10年やる。トランプだって、経済政策がうまくいけば8年やるかもしれない。安倍さんが多選でどうこうと批判するやつがいるけど、日本外交にとっては、長期安定政権のほうがベターなんだ。

**山口**　どうせすぐ辞める相手だと思ったら、絶対に秘密なんかバラさないし、リスクも冒しませんよね。表面的な付き合いに終わる。

**高橋**　だから、長期政権のほうが望ましい。その長期政権のトップ同士が親密なら、さらに言うことがない。日米露のトップ3人が握り合うというのが、この先4年のベストシナリオだな。

# 第２章　「円安が国益か、円高が国益か」

## 適正な水準なんて存在しない

——トランプの当選が決まるや円安ドル高が進んで、一気に1ドル＝118円台まで駆け上がりました。ところが、彼が実際に大統領に就任すると、今度は円高ドル安となり、1ドル＝111円台まで反落する。なんとも極端な値動きですが、円高になれば輸出企業が悲鳴を上げ、円安になれば輸入企業が悲鳴を上げる。日本経済にとって、どのぐらいが「適正な為替水準」なのでしょうか？

**山口**　よくマスコミで「適正な為替水準」みたいな言葉が使われるけど、そんなもの存在するんですかねえ。その人のポジションによって違うとしか言いようがない気がするんですけど。

**髙橋**　適正な水準なんてないよ。そんなの人それぞれだ。アンケートをとってみれば、人の数だけ「適正」が出てくると思うな。

**山口**　非常に感覚的なものですよね。同じサービスを東京とニューヨークで受けたとき、1ドル＝70円だったら「ニューヨークはずいぶん物価が安いな」と感じたり、1ドル＝130円だと「これだけ払って、この程度のものしか買えないのか」とガッカリしたり。そういう感覚的なもの。僕はしょっちゅう海外に行ってるけど、1ドル＝100円ぐらいって、ちょうどいい水準じゃないかという気がします。プラスの方向にもマイナスの方向にも20％ぐらいブレるとして、1ドル＝80〜120円におさまっていれば、「まあ、そんなもんかな」って感じですね。そのレンジをはみ出すようなら、さすがに僕も「あれっ？」と思いますけど。

**高橋**　結局は感覚でしか語れないんだよね。だから、人それぞれになる。

**山口**　7〜8年前、ロンドン地下鉄の初乗り運賃が、円換算で800円もしたときがありましたよね。さすがにあそこまでいったら、明らかにポンドが高く評価されすぎだと、誰もが感じると思いますけど。

**高橋**　「あれっ？　これ違うんじゃないの？」と思う世界だよな。

**山口**　いわゆるビッグマック指数があるじゃないですか。世界の都市で、(マクドナルドの)ビッグマックがいくらで買えるかを比較して、為替水準を考える。あの程度の感覚で考えれば十分だと思います。

**高橋**　いまビッグマックは日本で370円でしょ。大学の授業で使うのに世界のビッグマック指数を調べたんだけど、アメリカは平均で4・6ドルくらいだった。これで考えると、1ドル＝80円台ってことになるから、ずいぶん円が高いなと感じた。

**山口**　いまアメリカのビッグマックって、セットのクーポンが5ドル弱の所もあってすごく値段が下がってるんですよ。単品で考えたら3ドル50セントくらいからある。

**高橋**　すると1ドル＝106円くらいか。そんなもんかな。

**山口**　ビッグマック指数って、意外と実感に近いんで便利なんですよ。あの程度のザックリさで、適正かどうか判断すればいいんじゃないかな。外国のビッグマックを円換算してやたら高いなあと感じるときは、円安に進みすぎてるんだと考えればいい。それ以上には、厳密に答えようがない。

**高橋**　ちなみに、なぜかスイスだけはすごくビッグマックが高いんだよな。いま円換算で720円ぐらいするんだよ。ビッグマック指数で考えるなら、対スイス・フランで円は安く評価されすぎてるってことになるね。

## 円安のほうがちょっといい

**山口**　「円安と円高、どっちが日本の国益になりますか？」と質問されることがあるんですが……。

**高橋**　国益とは何かを定義する必要があるけど、私ならGDP（国内総生産）で考えるかな。GDPって国民の所得を合計したものだから、大きいほうが国益にかなう。で、GDPが増えるのは円高なのか円安なのかと言ったら、円安のほうなんだ。それは間違いない。

**山口**　たしかに円安のほうがＧＤＰは増えますね。

**髙橋**　これはどこの国でもそうなんだよ。日本の場合だと、10％ぐらい円安が進むと、ＧＤＰは０・５％ぐらい増える。増え方は輸出依存度で違って、日本はちょっとしか増えないほうなんだけど。

**山口**　日本の輸出依存度はせいぜい15％程度ですからね。しかも、輸出の約35％は円建てだから、円安のメリットはさほどでもない。日本に限って言えば、自国通貨安になったからって、ものすごく儲かるわけでもないんです。

**髙橋**　日本の輸出依存度は世界的に見ても低い。だから、自国通貨安のメリットって、他国ほどではないんだよね。それでも円安のほうがＧＤＰは増えるんだ。輸出産業のほうが裾野は広いし、激しい国際競争にもさらされている。だから輸出企業のほうに恩典を与えたほうがいいというのが、国際的な常識なわけ。あくまでＧＤＰを増やすためにはね。これは最近人気がある「新新貿易理論」でもわかっている。輸出って、ごく一部の生産性の高い企業だけしかできないでしょ。円安はそうした生産性の高い企業に恩恵を与えるので、輸入のデメリットを補って国の経済を伸ばすんだ。

**山口**　もちろん円安になれば輸入企業は打撃をこうむる。円建ての輸入は25％しかないので、円安によるデメリットはかなり大きい。だけど、ＧＤＰというパイ自体を大きくするには、円安のほうがいいということですね。

**髙橋**　パイさえ大きくできれば、あとは再配分の問題でしょ。輸出企業がボロ儲けして、輸入企業が大損するというなら、前者から税金でとって後者に回しゃいい。パイが小さくなっちゃうと、それすらできなくなる。プラスマイナスはあるんだけど、どっちかと聞かれたら、円安のほうがちょっといいのは間違いない。

**山口**　韓国なんかは輸出依存度が50％以上もあるから、ウォン安になればＧＤＰはもっと増える。だから露骨に通貨安を狙いますよね。

**髙橋**　日本はほとんどやらないけど、韓国はＩＭＦ（国際通貨基金）から槍玉に挙げられるような通貨安政策をとる。でね、よく「どの国も通貨安のほうが有利なら、通貨安競争になるじゃないか」と言われるんだけど、そうはなりにくい。カリフォルニア大学のバリー・アイケングリーン教授が証明してるんだよ。通貨安政策をとると、自国内に流通するマネーの量が増えるから、インフレ率が高くなっちゃうでしょう。過度なインフレは誰も望まない。インフレ目標さえ導入していれば、ある程度のところで止まるんだ。通貨安競争なんてことを書く人は無知だと思うよ。

## ポジショントークに気をつけろ

**山口**　ただ、円安なら円安なほどいい、って話でもないんですよね。「円高で国が潰れる」みたいに騒ぐ人が多いんだけど、世界の歴史上、通貨高で国が潰れた例はひとつもない。これまでに破綻した国は、すべて通貨安で潰れていったんです。だから、自国通貨安を手放しで喜ぶ理由が、僕には正直わからない。円を買う人が多いがゆえの円高であって、それだけ国際的には人気があるわけです。僕は旧ソ連に駐在していたこともあるので、通貨が弱いと国民がどれだけひどい目にあうか、目の当たりにしてるんですよ。

**高橋**　国民経済が混乱するほどの通貨安は論外だよな。

**山口**　こういう感覚って、意外と日本人にはなくて。円安バンザイみたいになっちゃうのは違和感がある。いま中東の難民がヨーロッパに押し寄せてますけど、彼らはものすごく為替に敏感ですよ。少し前のポンドは強かったから、イギリスは難民にすごく人気があった。ところが、EU（欧州連合）離脱でポンドが急落するや、たちまち「イギリスには行きたくない」とかインタビューで答えてる。難民みたいな状態に置かれると、むしろ通貨の強さのほうが好まれるわけですね。

**高橋**　そりゃ、そうだよ。私だって、国が潰れて通貨が暴落するような事態は前提としていない。せいぜい1ドル＝80円が120円になるレベルの円安だよ。1ドルが360円になればいいなんて思ってない。少しだけ円安方向に進むほうが、国益としては「ちょっとい」と考えてるだけ。

**山口**　GDPを離れて考えると、結局は、その人のポジションによるとしか言いようがない。円高になれば輸入業者が儲かる。円安になれば輸出業者が儲かる。人によって求める水準は変わってきますよね。

**高橋**　金融業者だって、ドルを買い持ちしてる人は、円安ドル高に進んでくれたほうが、自分の利益になる。逆にドルを売り持ちしてる人は、円高ドル安に進んでくれたほうが、自分の利益になる。それぞれがポジショントークをやってるだけだから、彼らのコメントを鵜呑みにしちゃいけない。

**山口**　政府の立場からすれば円安のほうがGDPは増えていいんだろうけど、僕みたいな投資家の立場からすれば、円安になったからといって、そんなに利益が出るものでもない。むしろある程度は円高のほうが、海外の会社を買うにしてもやりやすい。

**高橋**　ホリエモン（堀江貴文）も同じことを言ってた。円高になったほうがいいって。海外に投資する人にとっては円高のほうが得なんだ。私だってね、娘が海外留学してたときに1ドル＝80円台だったから、仕送りが楽だった。マクロ経済では円安がいいと確信してる人間でも、海外に仕送りするときには円高になってくれと願うんだ（笑）。自分が海外へ行くときだって、円高のほうが絶対に助かるしさあ。政策レベルと個人レベルでは意見が違うけど、それが当たり前なんだよ。

**山口**　要するに、ポジションによって意見も変わる。いろんな意見があるけど、鵜呑みにしちゃいけないということです。

**高橋**　少なくともテレビや新聞で発言してるやつは、自分のポジションを言うべきだよ。そうしたら、いかに彼らが自分の利益しか考えてないか、いかにいい加減な見通しをしゃべっているか、一発でバレるよ。

## 短期で予測は不可能

**山口**　為替だけじゃなく、株式の見通しとか、金融業界の人はけっこういい加減な予想を出しますもんね。

**高橋**　会社の都合に合わせてでまかせを言う人も多いよね。だから、嘘がつけない良心的な人間は辞めてるのが多いんだ。大学のときに仲の良かった友達が証券会社に入ったんだけど、十数年勤めて辞めたな。クリスチャンで誠実なやつだったから「もう人をだますのが耐えられない」とか言って。

**山口**　僕がひどいなと思うのは、為替や株価の先行きを自信満々に予想する人がいるでしょう。でも、長期は別として、短期的には予想しようがないですよ。サイコロ振ってるのとあまり変わらない。

**高橋**　そうなんだよね。経済理論ではランダムウォークと言って、短期的な動きは絶対に予想できない。もうランダムに動く。

**山口**　でも、翌日の新聞には「○○という理由で円が買われた」なんて解説が出る。

**高橋**　あんなのデタラメだよ。為替が動く理由が前もってわかるわけないじゃん。全部後づけ。だって、いまの経済理論でも「2～3年先なら、かろうじてわかる」ってレベルだもん。1日2日のスパンで説明しようと思ったら、嘘をつくしかない。

**山口**　短期で予想すること自体がナンセンスですよ。

**高橋**　長期では経済理論がふたつあってね。ひとつはマネタリーアプローチ。各国の通貨供給量を比較して、為替水準を考える。有名なソロスチャートみたいなやつ。そのソロスチャートだって、2～3年先で7割当たればいいって世界だけど。

**山口**　みんな為替が特殊なものだと勘違いしてるけど、普通のモノの値段と同じように考えればいいんです。豊作の年のリンゴは安い。これはどんな人でも実感できる現象だと思うんです。おカネの量は変わらないのにリンゴの量だけ増えれば、リンゴの値段は安くなる。(他国)通貨と(自国)通貨の関係もまったく同じように考えていけばいい。ドルの供給量が変わらないのに円の供給量だけ増えれば、円の値段は安くなる。つまり円安ドル高になる。これがマネタリーアプローチの考え方ですよね。

**高橋**　そうそう。通貨の値段だと思えばいいんだ。で、もうひとつの経済理論は2国間の実質金利差で考える。

**山口**　例えばアメリカの実質金利のほうが日本の実質金利より高ければ、ドルで預金するほうが、高い利息がつく。投資家たちは円を売ってドルを買うから、円安ドル高になると。2国間の実質金利差というのは、そういうことですね。

**高橋**　為替に関してはマネタリーアプローチと、2国間の実質金利差のふたつだけだね。あとは役に立たない。

## タイムラグがある

**山口**　いまアベノミクスで猛烈な金融緩和をやっていますが、円の量が増えるぶん、大きな目で見れば円安方向に進むということですよね。

**高橋**　かなりの確率でね。ただ、タイムラグがあるから、短期的にはどう動くのかまったく予想がつかない。

**山口**　やっぱり短期的に予想するのは無理ですよ。

**高橋**　長い目では、7割ぐらいなら当てられるんだ。私は小泉（純一郎）政権の6年間と第一次安倍政権の1年間、官邸で政策スタッフをやってた。為替もチェックしてたんだけど、合計7年のうち5年ぐらいは当てられた。ところが、小泉政権のラスト2年ぐらい、まったく外しちゃって。そろそろ円安になる頃だと計算できるのに、まったく動かないんで、ずいぶん焦った。やっぱりタイムラグがあるんだよな。

**山口**　ユーロもそうですよね。統一通貨ユーロが生まれたとき、「こんなのうまくいくはずがない」と言ってる人は山ほどいた。だけど、逆にものすごくユーロ高に進んだでしょう。ユーロ安を予想した人は「外れたじゃねえか」とさんざん批判された。だけど、結局、いまではユーロ安になってる。

**髙橋**　ユーロについては論文を書いたことがあるんだけど、ロバート・マンデル（コロンビア大学教授）の「最適通貨圏」って理論が役に立つ。

**山口**　ノーベル経済学賞もらったマンデル教授ね。

**髙橋**　統一通貨でどの程度の範囲をカバーできるのかを考える理論なんだけど、基本的に経済活動が似た国しか通貨統合できないんだよな。それで考えると、当初の6ヵ国（ドイツ、フランス、イタリア、ベルギー、ルクセンブルク、オランダ）に少しプラスアルファするぐらいは条件を満たしてるんだ。だから私は統一直後のユーロが強いのは条件を満たしてるからだと説明してた。

**山口**　それがギリシャになると、最適通貨圏の条件を満たさない。

**髙橋**　ギリシャなんてとんでもないよね。これは簡単に計算できるけど、あまりに経済活動が違う国だとフィットしないの。２０００年代に入って、ギリシャ、スロベニア、キプロス、スロバキアと、どんどんユーロ圏が広がっていった頃から「そろそろ危ないぞ」と私も書き出した。長い目で見たら、マンデルの理論が正しいんだよ。

## マーケットは考えない

**山口**　小泉さんの時代って、1ドル＝１２０円ぐらいでしたっけ？

**髙橋**　そう。私がやった6年間の平均レートは１２０円ぐらい。プラスマイナス10円でおさまる感じだった。だけど、最後の2年間は１０５円ぐらいの円高までいっちゃって。「えーっ！」と思ってたら、小泉さんが辞めると円安に進み始め、今度は１２５円ぐらいまでオーバーシュートしちゃった。なんでこんなにズレが生じるのか、正直よくわかんないんだよ。マーケットの住人に遊ばれてる感じがしたなあ。

**山口**　マーケットに遊ばれてるとおっしゃいますが、マーケットの人間でそこまで考えてるやつはいない（笑）。

**髙橋**　そりゃ、そうか。当時ね、「為替のことを世界でいちばん考えてるのが俺だ」と言えるぐらい、あれこれ研究したの。長期金利と短期金利の差とか、合理的期待形成仮説とか、いろんな理論があるんだけど、これをマーケットの人に説明してもチンプンカンプンなんだよ。まったく関係ねえんだよな、そんな理論。

**山口**　マーケットを動かしている当事者は、そこまで考えてませんよ。モルガン・スタンレーにいた頃、サウジアラビアが突然、円を買い出して、ドーンと円高に進んだんです。「なんで君たち円を買ってるの？」と聞いても、理由が特にない。彼らだって厳密に考えてないんだと、よくわかりました。市場参加者が理論を知らなければ、短期的にはその理論は通用しない。

**髙橋**　何も考えずに売買するから、ランダムな動きになる。マスコミは為替が動いた原因をもっともらしく説明するけど、あれは嘘八百だよ。

**山口**　買う人が多けりゃ上がるし、売る人が多けりゃ下がる。それだけの話。それがマーケットですよ。

**髙橋**　私ね、大蔵省で国債課にいたことがあって。30社ぐらいのプライマリーディーラー（国債市場特別参加者）に加えて、国債を売買する業者もいるから、つねに50～60社のヒアリングをしてたわけ。すると、強気の人から弱気の人まで、まったくさまざまなんだ。新聞を見ると「市場は弱気に傾いて国債が売られた」とか書いてあるんだけど、そんなの1社か2社の意見だろうと思った。真逆の人が山ほどいたもん。

**山口**　モルガン・スタンレーには10人ぐらい日本国債のトレーダーがいたんですけど、それぞれ勝手にポジションを持たせてましたよ。要するに、同じタイミングで売ってるやつも、買ってるやつも、両方いるわけです。

**髙橋**　そうでしょ。そうだと思ったよ。

**山口**　モルガン・スタンレーという会社としてのスタンスなんてない。国債も為替も、個々のトレーダーが勝手に売買するだけです。どうして経済理論を参考にしないかというと、証券も保険も銀行も、みんな1年単位で評価を問われるから。5年先、10年先の予想を当てても仕方ないんですよ。

**髙橋**　業者の人には理論なんて関係ないんだ。だけど大変だよね。1年じゃ予想する術《すべ》がないから。

**山口**　だから大きく損することもある。少なくとも短期的な動きを理路整然と説明してるのはインチキですよ。

## 為替介入は表向きの発言

**髙橋**　実はね、小泉政権のときに為替介入をやったこともあるんだ。やったといっても、私は官邸にいて指示しただけ。実務は財務省の人間がやる。もうデータが公表されてるから言っていいよな。30兆円ぐらいやった。

**山口**　けっこうなスケールですね。だけど、為替介入なんかやっても、あんまり効かないでしょ。

**髙橋**　効かない。超短期で市場にショックは与えるけど、効果はもって3日ぐらいかな。それがわかっていて、どうしてやったかというと、目的は円安に誘導することじゃなかったの。日本銀行が金融緩和を渋ってたから、緩和をやらせようとしたんだ。

**山口**　え？　それはどういうことですか？

**髙橋**　政府の為替介入って、こういう段取りでやるわけ。円安を是正したいときは、外為特会（外国為替資金特別会計）のドルを取り崩し、ドルを売って円を買う。逆に円高を是正したいときは、まず短期国債を出して市場から円資金を調達し、その円を売ってドルを買う。

**山口**　小泉政権でやってたのは後者ですよね。円高を食い止める。

**髙橋**　そうそう。短期国債をたくさん出せば、豊作のリンゴじゃないけど、国債が市場に溢れて価格が下がってしまうよね。国債価格が下がるというのは、金利が上がることとイコールでしょ。まあ、短期国債ってそんなに激しい値動きはしないんだけど、当時はゼロ金利政策をとってたから、ほんの少しでも金利が上がっちゃ困る。日本銀行としては市場から国債を拾わざるをえないの。約束してたわけじゃないけど、暗黙の了解で拾うとわかっていた。

**山口** ああ、なるほど。日銀に短期国債を買わせて、市場へマネーを放出させた。金融緩和するよう仕向けたわけですね。

**高橋** 日銀もプライドがあるから、発行した短期国債を全部は拾ってくれないんだよ。戦前、軍備拡張のために際限なく国債を引き受けさせられた記憶があって、日銀のＤＮＡとして「国債を買うのは大蔵省への屈伏だ」という思いが強いわけ。だけど、そうはいっても半分ぐらいは拾ってくれる。こっちもそれを知ってるから、短期国債をどんどん発行してマネーの供給増になるように仕向けたわけ。財務省からは「為替介入が効かないと公言してもらっちゃ困る」と注意されてたんで、私も表向きは為替介入と表現してたよ。だけど、実際には金融緩和をしていたんだ。

## 金融緩和は雇用政策だ

**山口** 金融緩和で円の供給量が増えると、円安の方向に向かいますよね。

**高橋** 長い目で見ればね。だけど、円安にしようと考えて為替介入したわけじゃない。正直言うと、政府はそんなこと気にしていない。というか、円安になって困る人もいるわけだから、政府がどっちか片方の肩をもつのもおかしな話でしょう。為替が極端な動きを見せているときは政府も介入すべきだけど、恣意《しい》的にマーケットに介入するのは避けるべきだと思うよ。当時、海外に出ていく人や輸入業者から「円安に誘導しやがって」と怒られたんだけど、こっちは為替のことなんか考えちゃいないよ。どこが適正な為替水準かなんて、政府にだって決められないでしょう。

**山口** じゃあ、何のために為替介入までして金融緩和したんですか？

**高橋** 金融緩和は何のためかというと、失業率を下げるためなの。金融緩和をすれば雇用は改善する。まず、物価と失業率には高い逆相関がある、これはフィリップス曲線として有名。マネー供給と物価には相関がある。ここはやや複雑だけど、お金を刷れば物価が上がる程度の理解でいい。これを組み合わせると、マネーを増やすと失業率は下がるとなる。マネーストックと失業率には高い逆相関が見られて、市場に流通するお金の量が増えるほど、失業率は明らかに下がるんだ。お金がジャブジャブになれば、みんなの予想インフレ率が高まるよね。「実質金利＝名目金利－予想インフレ率」だから、予想インフレ率が上がると実質金利は下がるわけ。実質金利が下がると、みんな積極的に投資するし、会社も人を採用するようになるでしょ。

**山口** それで失業率が下がっていくと。

**高橋** 失業率がどんどん下がって、もうこれ以上は下げられない完全雇用の状態に達すれば、人の奪い合いになるから、今度は賃金が上がり出す。賃金が上がれば消費が増えてインフレ率も上がり、景気は本格的に良くなる。だから、まずは雇用を見ておけば、景気の流れがつかめるわけ。その雇用を動かすのが金融緩和なんだ。

**山口**　その後、第二次安倍政権で日銀総裁が黒田（東彦《はるひこ》）さんになり、積極的に金融緩和をやるようになりましたけど、じゃあ、あの目的も……。

**髙橋**　失業率を下げるためだ、はっきり言って。「デフレ退治のために」とか説明してる人がいるけど、そうじゃないの。もっとも誤解されてるポイントだと思う。金融緩和は雇用政策なんだ。民主党政権のとき、失業率がひどかったじゃない。私は当時の日銀総裁である白川（方明《まさあき》）さんを激しく批判したんだけど、円高を放置してたからじゃない。高い失業率を放置して、他人事みたいな顔してるから批判したんだ。彼には失業率を下げるのは金融緩和だという理解がなかった。

## 日本政府は絶対に負けない

**山口**　いまの時代、G7のなかでも日常的に緊密なコミュニケーションがあって、極端な政策をとると即座に批判を浴びる。通貨安政策も為替介入も、みんなが話題にするほどには簡単にできない。その点は誤解されてる気がしますね。

髙橋　そんなの簡単にできないよ。為替介入が国際的に許容されるとしたら、極端な動きを見せたときぐらいじゃない？　円高方向でも円安方向でもいいけど、ドル円で言うなら一日に4円以上、動いたときとかね。

山口　クーリングダウン。マーケットに冷や水をかけて落ち着かせるんですね。円安に誘導するとかじゃなく。

髙橋　最近だとイギリスのEU離脱が決まったとき、一日にドル円が6円ぐらい円高方向に急伸したんだよ。久々に激しく動いた。いま私は官邸の職員じゃないけど、官房長官の菅（義偉《よしひで》）さんからよく意見を求められる。このときは「いま介入しなかったら、舐められるかもしれませんよ」と答えた。為替介入すべきときにしなかったら、投機筋のやりたい放題になるかもしれない。

山口　いや、その可能性はありますよね。

髙橋　通貨の戦いでは、政府は絶対に負けないんだよ。民間の人からは想像もつかないほどの資金力があるんだから。

山口　円が急騰したら、円をどんどん刷って売ればいい。

髙橋　円は無限に刷れるわけでしょう。逆に円が急落したときは、外貨準備として持ってるドルを売るわけだけど、これが１４０兆円分近くある。そこまで資金力のある投機筋なんていないよ。しかも、それで足りなかったら、他国から無尽蔵に借りられる。向こうで無限に刷ったお金を借りてこられるのは、政府だけでしょう。

**山口**　日本という国の信用力があってこその話ですよね。１９９７年のアジア通貨危機のときにタイや韓国がぶっ飛んだのは、そこまでの信用力がなかった。タイのバーツや韓国のウォンが暴落してるから、外貨を売って自国通貨を買い支えたい。だけど、途中でどこの国もお金を貸してくれなくなった。通貨の戦いにおいて国家が絶対に負けないという話じゃなく、日本が負けないということですね。それだけ日本政府の信用力は、世界的に突出している。

**髙橋**　１４０兆円近くの外貨準備があって、さらに借りられるんだから、絶対に負けない。

**山口**　財政破綻で円が大暴落するって騒ぐ人がいるけど、そんな心配はしなくていいわけですね。

**髙橋**　心配ないよお。だから、イギリスのＥＵ離脱のときも「勝てるんだから、勝て！」とアドバイスした。何年かに1回でいいけど、やるときは徹底的にやって、相手をケチョンケチョンにしたほうがいい。投機筋を潰しちゃうんだ。自国の通貨をおもちゃにされないために。マーケットへの介入は基本的にすべきじゃないけど、やるときは徹底的にやる。こんなの喧嘩なんだよ。殴ったら勝ちなんだ。

**山口**　殴ったら勝ち（笑）。だけど、そうだと思います。相手が手ごわいなと思ったら、アジア通貨危機のときみたいに混乱に乗じて仕掛けようという向きもいなくなる。軍事力を充実させて戦争を防ぐのと同じことですよね。

## 空砲だけは撃っておけ

**髙橋**　ところがさ、いまは為替介入にビビっちゃう官僚が多いんだ。国際的な批判を恐れるんだよね。最近の財務官は会議屋が多くて、国際会議ばっかり出てるの。会議でいろんな国から批判されるでしょう。それを恐れて介入できない。だけど、たまには練習しておくべきだと思うよ。

**山口**　マーケットで口の悪い連中は、「日本は射撃訓練をしてないから、怖くない」って言ってますよ。「弾が当たるようになるまで時間がかかるぞ」って。

**髙橋**　射撃訓練ぐらいはやっておくべきだよね。本当に撃つ必要が出てきたとき、ビビらないために。

**山口**　先生の頃と比べて、経験値が少なすぎるんですよ。少額でも為替介入する練習をしておかないと、いざというとき動けない。

**髙橋**　現役の連中には「たまに空砲を撃たないと、必要なときに撃てなくなるぞ」と言ってるの。これは為替じゃなく国債の話になるけど、私ね、大蔵省国債課にいた時代、定期的に買いオペとか売りオペとかやってた。練習してたの。

**山口**　練習は必要ですよ。行政もそうだけど、実は民間も練習が足りないんです。いま国債のほとんどを日銀が買っちゃうでしょう。市場にタマが出てこないから、民間のほうも国債を買ったり売ったりの経験が少ない。万が一、何か起きたとき、大混乱することになると思いますよ。

**髙橋**　だから、私のときは1年に1回ぐらい、必ず練習してた。みんなビックリして「売りました?」って聞いてくるんだけど、「いざというときのために練習してるんだ」って。空砲でも撃っておくべきだよ。

**山口**　やっとかないと、経験値が下がっちゃう。国債も為替も一緒ですよ。

**髙橋**　人事異動があるから短期間で担当者が替わるでしょう。撃った経験のないやつが増えていくんだ。だからこそ、定期的に撃つべきなんだよ。

## 為替は動かないほうがいい

**山口**　ドル円が一日に4円以上動いたら為替介入は許容されるってお話でしたけど、最近はボラティリティ(価格の変動率)が低いから、その程度の動きで「大きく動いた」と認識される。僕が為替をやってた1980年代後半だと、一日に4～5円動くのが当たり前でしたよ。もっと動かないと、誰もビックリしなかった。いまは値動きが小さくなったから、一日4円が異常に見える。マーケット参加者は昔より安心できてると思いますよ。1ドル＝110円台という位置も居心地が悪くないし。

**高橋**　産業界の人からはよく「動かないようにしてください」って言われた。そんなこと言われてもねえ。不可能ではないんだよ。猛烈に為替介入すれば可能だけど、それはもう固定相場制でしょう。それに猛烈なレベルで介入すれば、金融緩和もいきすぎたレベルになっちゃうし。そういうリクエストは困るなあ。

**山口**　要は、激しく動かないほうがいいんですよ。産業界みたいな実需の人だけでなく、金融関係者だって安心してポジションが持てる。だけど、先生がやってらした2000年代初頭から、2008年くらいまでは急激に動かなくなった。ボラティリティがガーッと下がって、激しい上下動で儲ける為替ディーラーがどんどん失業していった。もはや為替ディーラーなんていないんじゃないか、と思うぐらいの減り方ですよ。

**高橋**　小泉内閣で竹中平蔵さんが経済財政政策担当大臣になって以降、私は政策スタッフとして官邸の仕事をするようになった。その頃から「なるべく為替が動かないように」とは考えてたなあ。通貨供給量と実質金利差で為替水準が決まるなら、なるべく他の国と同じようにしたほうがいいと。

**山口**　金融政策を他国と近づけるということですね。

**高橋**　通貨供給量が少ないとデフレになるでしょう。デフレって、モノの量よりお金の量が少ないってことだからね。他国はインフレで、日本だけデフレってことは、必ず円高のほうへ進んじゃうの。金融政策が違うと、ときに値動きが大きくなるし。だから、「もっと金融緩和をやって、なるべく他国のインフレ率に合わせろ」って言い続けたんだけど、日銀がうまくできなかったんだよな。

**山口**　日本だけがズレていたということですね。金融政策を合わせていなかった。

## インフレ目標は胡散臭い？

**高橋**　私は1998年から2001年までプリンストン大学に留学したんだけど、先生の一人がベン・バーナンキだった。いまでこそ有名人だけど、当時の日本では知られてなくて、ベルナンキって読んでる人がいたぐらい。彼がインフレ目標という手法を提案していて、「これはすごくいいぞ」と教えてくれたわけ。一定の範囲の目標を決めて、インフレ率がそこにおさまるよう金融政策をやる。

**山口**　金融政策の目安にするわけですね。普通の国はインフレだから、物価が上がりすぎないよう、そのターゲットまでインフレ率を下げる。日本の場合だけが特殊で、デフレだから、ターゲットまでインフレ率を上げていく。

**髙橋**　正直言うとね、最初は理論がよくわかんなかった。「なんか胡散《うさん》臭いなあ」と思ったぐらいで。だけど3年勉強してるうち、この理論は正しいと思うようになった。で、2001年に帰国する。いま内閣官房参与をやってる浜田宏一（イエール大学名誉教授）さんが、当時は内閣府経済社会総合研究所長だったんだ。日本に戻ってすぐインフレ目標の話を浜田さんにしたら、「それ、いいね。一緒にやろう」と言ってくれて。

**山口**　だけど、小泉政権のときは実現してませんよね？

**髙橋**　うん。政府に提言しても、ものすごく反発を食らって、小泉政権ではできなかった。インフレ目標って言葉にアレルギーがあったのか、あちこちで怒られたな。

**山口**　一方、バーナンキは2002年にFRBの理事になって、アメリカの金融政策を動かす立場になりますね。

**髙橋**　さらに2006年にはFRB議長になっちゃった。すぐバーナンキはやるなと思って、「インフレ目標を導入するんですか？」と聞いたら、やっぱりやると。「日本もやるべきだ」と言われた。彼は日本の金融政策が根本的に間違ってると考えていたからね。

## 他国に合わせるのが無難

**山口** 結局、インフレ目標はどこの国も導入しましたよね。

**髙橋** バーナンキの下《もと》で一緒に勉強してた仲間がそれぞれ母国に帰って、金融政策を担当することになったからね。例えばラース・スヴェンソンというのがいて、スウェーデン中央銀行の副総裁になる。あとはイングランド銀行総裁の……。

**山口** マーヴィン・キングね。

**髙橋** キング総裁の秘書というのも一緒に勉強した一人。そいつがイギリスに帰ってキング総裁に吹き込んで、イギリスでもインフレ目標を導入することになった。みんな私と一緒で、最初は理論を胡散臭く思ってたんだ。だけど、結局、どこの国でもやろうということになった。

**山口** 各国がインフレ目標という同じ金融政策をとると、為替が動かなくなる。

**髙橋** そうなんだよ。例えば当時のドルとポンドを見ると、ほとんど動いていなかった。日本円だけが激しく動いていた。日本だけ違う金融政策だったからだよ。特に白川さんが2008年に日銀総裁になると、その傾向が激しくなった。

**山口** リーマン・ショックで各国は猛烈な金融緩和をやったけど、日銀だけは頑《かたく》なにやらなかったですよね。やりはしたけど、規模が小さかった。

高橋　円だけが刷られなかった。だから、猛烈な円高が進んだ。民主党政権じゃなければ、もうちょっと柔軟な対応ができたかもしれないけどねえ。インフレ目標そのものがいいか悪いかという話じゃなく、「他の国と合わせたほうが無難」ということなんだ。同じ金融政策をとったほうが安全なのに、頑なに受け入れなかった。こういうときは意固地になっちゃいけない。みんなに合わせないと。

山口　白川さんがインフレ目標を導入したのは、ようやく2012年になってからですもんね。他国より何年も遅れた。だけど、その後、たしかに為替は動かなくなりましたよね。為替ディーラーの仕事が完全になくなっちゃった。

## 背後にある政策が重要

高橋　バーナンキって、すごくいい先生だったな。いろんなことを教えてもらった。だけど、彼の理論を日本で紹介すると、けっこう茶化されるね。インフレ目標もなかなか受け入れられなかったし、ヘリコプターマネーもバカにされた。

山口　極端に言えばヘリコプターから現金をバラまいてもいい。とにかくお金をジャブジャブにすれば、景気は良くなる。デフレからも抜け出せると。

高橋　バーナンキの言ってる政府紙幣も、私は大真面目に検討したことがあるんだ。もう日銀には金融緩和を期待できないと思ったからね。これは法律違反でも何でもなくて、政府に発行権限があるんだよ。財務大臣が特別法で20兆円札を1枚だけ造ればいい。それを日銀に持ち込めば、政府預金に普通の日銀券が20兆円ぶん入る。この程度、マネーが増えたぐらいじゃ、絶対にインフレにはならないし。

**山口**　でも、相手にされなかった？

**高橋**　ものすっごい批判を浴びた。その20兆円で1年間の社会保険料をタダにしろと言ったんだけど、猛烈に叩かれた。この話題を持ち出すと、必ずどこかから刺されるんだよな。禁句なのかもしれないね。

**山口**　政府紙幣を嫌がる勢力がいるってことですかね。

**高橋**　誰かいるな。そう考えるしかない。口に出すと、必ず変なことが起こるの。いずれにしても、重要なのは金融政策だよ。みんな為替だけを見て一喜一憂するけど、重要なのは為替じゃなく、その背景にある政策のほうなの。

**山口**　そりゃ、そうですよね。「円高で国が亡ぶ」とか、逆に「円は大暴落する」とか、あたかも為替が国家の命運を握ってるかのようなことを言う人がいるけど、やっぱりおかしいですよ。

**高橋**　おかしいよ。為替が国家の命運を決めるはずがない。為替って、金融政策による中間生成物にすぎないんだよ。ところが、背景にある政策を無視して、表面的に為替の動きを解説するから、おかしなことになる。

**山口**　新聞でもよく「アメリカの経済統計が悪いことを嫌気して円が急伸した」みたいに書かれるけど、そんな単純な話じゃない。

**髙橋**　為替と株価の関係もそうでしょ。「円安が進んだために、日経平均株価が上がった」とか解説されるけど、両者に因果関係はないんだよ。いわゆる「見かけ相関」ってやつ。例えば金融緩和をやると、円安が進むし、株価も上がる。両方とも同時に動くことが多いんだ。だけど、為替の影響で株価が上がったわけじゃない。背景にある政策を見ないから、そんなおかしな解説が出てくる。経済学者としては、ああいうマーケット解説はものすごく違和感がある。

**山口**　もちろん、何かのイベントで為替や株価が動くことはあるけど、短期的ですよね。長い目で見た動きは、政策からしか説明できない。

**髙橋**　だからね、いわゆるマーケット解説とか、相場予想とかいうものは、インチキなんだ。何の根拠もないんだから、鵜呑みにしちゃいけない。

# 第３章　「財政再建はもう終わっている」

## 負債の部しか見ていない

——相変わらず「日本は財政破綻する」「日本国債が暴落する」といった本が溢れています。マスコミが財政危機を煽《あお》ることもあり、「そんなに危機的なら消費増税も仕方ないか」と考えるようになった人も少なくない。お二人はずいぶん前から「財政破綻するほど危機的じゃない」「国債暴落はありえない」と主張されてきました。どうして、そういう意見が広く受け入れられないのでしょうか？

**髙橋**　そりゃ、もうマスコミやエコノミストが情けないとしか言いようがないな。財務省からもらった資料を鵜呑みにして、自分の頭で考えないから。だけど、データで見ると、答えは一目瞭然なんだよ。私だって、財政破綻なんてことが起きたらヤバイと思うよ。だけど、いまはそんな状態じゃないって数字が示している。

**山口**　データなんかいっさい無視で、イメージだけで危機を煽る人が多いんですよね。数字を基にした議論になってない。

**髙橋**　実はね、日本国政府のバランスシート（貸借対照表）を初めて作ったのが私なの。１９９５年ぐらいの話だけど、大蔵省理財局ってところにいたときに作った。だから、私は誰より国の財務状況に詳しいんだよ。

**山口**　どうしてバランスシートを作ることになったんですか？

**髙橋**　理財局って、政府の資産と負債を管理する部局だから、正確な数字を把握する必要があったの。特に、私がＡＬＭ（アセット・ライアビリティ・マネジメント：資産・負債総合管理）を政府に導入したけど、バランスシートは必須だった。とはいえ、主計局からは「余計なことをするな！」って怒られた。私のバランスシートはお蔵入りになったし、「内容を口外するな」と釘を刺された。大蔵省全体としては、細部まで知られたくなかったんだと思う。まあ、結局、２００５年からは正式に公表されるようになるんだけどね。

**山口**　そのとき初めて、国の財務状況を数字で把握したわけですね。

**髙橋**　うん。バランスシートを作りながら、すぐ気付いたんだ。日本政府って資産がすさまじく多いの。当時から大蔵省は財政危機を煽ってたんだけど、「これは嘘だな」とピンときたよ。データに基づいて考えれば、まったく危機的な状況じゃない。誰が見てもわかるはずなんだけどね。

## バランスシートは両側を見よ

**山口**　財務省は「国の借金が１０００兆円を超えていて、国民一人当たりにすれば８３０

万円近い」なんて危機感を煽ってるけど、あれってバランスシートの右側しか見てませんよね。負債の部の話しかしていない。

**髙橋**　そうなんだ。民間企業の人には当たり前の話すぎて、こんなの説明するのが失礼な感じもするけど、バランスシートって右側に負債と資本、左側に資産があって、その両方を見なきゃ実態がわからない。2016年3月に公表された2014年度版を見てみると、たしかに右側に1172兆円の負債がある。このうち「国の借金」と呼ばれるのは、公債885兆円、政府短期証券99兆円、借入金29兆円で、合計1013兆円。

**山口**　1000兆円の借金があるということ自体は事実なんです。だけども、右側しか見ていない。

**髙橋**　そうそう。バランスシートの左側を見ると、資産が680兆円も載っている。負債の1172兆円と資産の680兆円を差し引きすると、492兆円しかネット債務は存在しないわけ。こうしたネット債務で考えるのが世間の常識なんだよ。負債の1013兆円だけ取り上げるって、非常識な話なんだ。

**山口**　負債の部だけ見て大騒ぎするって、ホントおかしな話ですよね。あるメーカーが社運をかけた大勝負に出たとしましょう。銀行から巨額の借り入れをして、世界最先端の工場を作る。新工場の技術力はライバルの追随を許さないから、この資産さえあれば、いくらでも稼げる。バランスシートの左右を見てはじめて、その会社の将来性が読めるわけです。ところが、負債の部だけに注目して「こんなに巨額の借金があれば、じきに倒産する」って大騒ぎしている。そんなイメージに近いですよね。

**髙橋**　同じ資産でも、工場なんかは換金性が低いよね。売ろうと思ったとき、すぐに買い手を見つけるのは難しい。だけど、国の資産680兆円のうち、現金・預金が28兆円、有価証券が139兆円もあるの。これらはすぐ換金できるでしょう。さらに貸付金138兆円、出資金70兆円というのも、比較的換金しやすい。要するに、375兆円ぶんは換金しやすい金融資産なんだ。

**山口**　ネット債務で考えたら、借金は言われている半分ってことですよ。GDP比で言うと、だいたい100%ぐらいと考えておけばいい。

## ネット債務は消えつつある

**髙橋**　さらに言うとね、私は連結ベースのバランスシートも作ってたんだよ。日銀のバランスシートまで組み込んだやつ。

**山口**　民間企業では単体の決算と同時に、子会社まで組み込んだ連結決算を出すのが常識ですもんねえ。

**高橋**　さすがにこっちは完全に潰された。いま財務省も子会社を組み込んだ連結ベースの数字を公表してるけど、これには日銀が含まれていないの。だけど、政府の日銀への出資比率は5割を超えているし、監督権限もある。まぎれもなく日本政府の子会社なのに、日銀だけは組み込もうとしない。

**山口**　要するに、日銀を除外しないとマズイ事情があるってことですね。

**高橋**　財務省がいちばん指摘されたくないところなんだよ。いま日銀は国債をどんどん買ってるでしょう。日銀のバランスシートが膨らみ続けている。2015年度末だと、国債349兆円を含めて、資産は405兆円もある。もちろん負債の部では、国債を買っただけの日銀券や当座預金が膨らんでるわけだけど、これらは無利子で償還期限もないから、実質的には負債じゃないわけ。これを連結させると、日本政府の2015年度末のネット債務は100兆円ぐらいしかないんだよ。

**山口**　100兆円？　ほとんどないじゃないですか。日銀はその後も国債を買い続けて、保有する国債は400兆円を超えている。このまま金融緩和が続けば、早晩、連結ベースのネット債務は消えてしまうということですね？

**高橋**　そうなんだ。実質的には財政再建が終わっちゃってる。それを知られるとマズイから、財務省は日銀を連結から外したんだと思う。ネット債務の100兆円って、GDP比で20％ぐらいなの。ネット債務のGDP比を比べると、アメリカで65〜80％、イギリスで60〜80％だから、それよりよっぽどいいんだ。なにが財政破綻だって言いたくなるよ。

**山口**　第1章で「損得勘定で考えない左翼的な人は学校、マスコミ、役所に多い」という指摘がありましたよね。これらの業界ではバランスシートを日常的に見る習慣がないから、理解できないんでしょう。で、最悪なことに、バランスシートって感覚のない人たちこそ、まさに日本のオピニオンリーダーとして世論を引っ張ってる人たちなんですよ（笑）。これじゃあ、我々の主張はなかなか受け入れられない。

**髙橋**　マスコミは財務省の「ポチ」状態で、彼らの言いなりなんだよ。財務省の機嫌を損ねたらネタがもらえないので、尻尾を振ってる。だから、こうした財務省にとって都合の悪い真実は絶対に報道されないんだよな。

## なぜ借金をすべて返すのか？

**山口**　すべての役人が事情をわかってるとは思わないけど、少なくとも財務省の高官は実情を理解してるはずですよね。彼らがズルイと思うのは、「1000兆円の借金をすべて返済するのに何年かかります」みたいな言い方をするんですよ。だけど、全部返済しなきゃいけない理由がどこにあるんだ！

**髙橋**　返す必要なんかねえよ、あんなの。企業は返さないのが普通だよ。

**山口**　ですよね。企業活動の目標は、借金を返済することじゃない。金儲けすることが目的なんだから。

**髙橋**　まあ、返さないと言うと怒られちゃうけど、借り換えるのが普通だよね。借金はずっと消えない。貸す側の銀行だって、その企業がずっと借金をしたままで、金利を払い続けてくれるほうが嬉しいんだから。その借金でこんなに立派な工場を建てましたよ、という成果さえ見せれば、「すべて返済しろ」なんて求めないよ。

**山口**　だから普通は借り換え、借り換えの連続です。借金を全部返済しようなんて企業のほうが珍しい。ところが、これが国の話になると、なぜか「すべて返済しなきゃいけない」という前提で語られてしまう。それを聞いた側も、すべて返済するのが当然かのように聞いてしまう。財務官僚は頭がいいですよ。

**髙橋**　国民をだまそうとしてるんだよ。じゃあ、なんで借金をすべて返したがるのか？　もちろん理由がある。さっき国の資産680兆円のうち、貸付金が138兆円、出資金が70兆円と言ったけど、これらはみんな天下り先に流れている金なんだ。

**山口**　各省庁の天下り先への出資金であり、貸付金だと。

**髙橋**　膨大な数の天下り先があるんだけど、なかでも財務省所管の貸付金が突出して多い。これこそ、財務省OBの天下り先が他官庁より圧倒的に多い理由なんだ。国の借金を税金で返済すれば、天下り先の資産や出資金はまるまる残っちゃうじゃない。「借金をすべて返せ」と叫ぶ理由はこれなんだ。借金返済は国民に負担させて、自分たちは他人の金で悠々と老後を送りたいってことだよ。

**山口**　国の借金を全部返したら、いま以上に「天下り天国」になっちゃいますね。いま消費増税にしぶしぶ賛同している人も、こういうカラクリを知ったら意見を変えるんじゃないかな。

**髙橋**　なんだかエグイ言い方になっちゃったけど、もうそれしか合理的説明がつかないんだ。だって、借金をすべて返す理由がないんだもん。実際、彼らが天下り先にいっさい手をつけさせないようにしてるのは事実なんだよ。私も第一次安倍政権で公務員改革をやろうとしたけど、ことごとく潰された。

**山口**　高級官僚が甘い汁を吸いたいがために、天下り先を温存する。

**髙橋**　そりゃ、そうだよ。退職後、特殊法人に2〜3年いるだけで、また数千万円の退職金がもらえるでしょ。いまは監視の目が少し厳しくなったけど、かつては「渡り」といって、特殊法人を渡り歩いて、そのたびに退職金をせしめる輩《やから》もいたんだ。絶対に天下り先は減らさないよ。

## 政府資産がダントツで多い

**山口**　普通の企業で考えたら、会社が潰れるほど危機的な状況なら、まずは関係子会社を整理しますよね。本当の危機ならリストラを考えるはず。

**髙橋**　でしょう？　借金と資産の両方を減らし、財務をスリム化していくのが世間の常識だよ。それだけで財務体質が強化される。ところが、それは絶対にやろうとしない。天下り先の民営化なんて、猛烈に抵抗されるわけ。つまり、それほど危機的じゃないんだ。海外の連中からもよく言われるよ。「日本政府は全然、危機的じゃない。だって、何ひとつ売ってないじゃないか」って。

**山口**　どこの国でも、ピンチのときはなりふり構わず売りますもんね。ギリシャだって財政再建のために、最大の港ピレウスを中国に売った。

**髙橋**　他にも、エーゲ海の島を売ったりね。郵便局とか競馬場とか、カジノに水道局も売ってる。ピンチなら政府資産を切り崩すのが当然なんだよ。

**山口**　日本人はけっこう誤解してるところがあって。例えば国が保有してる建物を売ったとしても、所有権を売るだけだから、使用料を払えば、その後も居続けることができるんです。海外ではけっこう当たり前だし、日産自動車も工場用地をいったん売却してますよね。工場用地を証券化して売り、使用料を払って使い続ける。

**髙橋**　所有権だけ売却して、そのまま借りればいいんだ。それに、仮に官舎が移転したからって、特に問題は起きないと思うよ。イギリスなんか、中央省庁の住所がよく変わるの。政府が所有するビルを証券化して売ってるんだ。

**山口**　政府がたくさんの資産を持つことに対して、欧米では国民が許さないんだと思いますよ。そういう文化がある。だって、そもそもで考えたら、政府が大量の資産を持つ必要なんてないもん。むしろ国や政府が際限なく大きくなっていくことに対して、欧米では嫌悪感のほうが強いと思う。

**髙橋**　日本ってね、政府資産のGDP比が130%ぐらいあるの。他の先進国に確認したんだけど、20%ぐらいが普通だった。いかに飛び抜けて多いかわかるよね。海外の人に「なんで持ってないの?」と聞いたら、「そもそも政府が持つ必要ないじゃん。なんで持ってるの?」って逆に聞かれた。そりゃ、そうだよね。政府活動するのに、そんなに資産は必要ない。

**山口**　財務省は「借金の額が世界的に飛び抜けている」と繰り返すけど、「世界的に飛び抜けてるのは政府資産のほうだった」というオチだ(笑)。

**髙橋**　海外に比べて人口当たりの公務員数が少ないから、日本は大きな政府じゃないって意見があるでしょ。それはその通りなんだ。ところがね、政府資産で見ると、とんでもなく巨大な政府なの。しかも、政府資産が大きいぶん、官僚一人当たりの権限が他の先進国の何倍も大きくなるわけね。

**山口**　他国に比べて、日本はものすごく余裕があるわけですよ。政府資産のスリム化を迫られてないんだから。

## なぜ公務員は一緒に住むのか

**髙橋**　私は官邸にいたときに国の資産を売ろうとしたんだけど、無理だった。だから最近は小池百合子（東京都知事）さんに言ってる。東京都だって30兆円もの資産を持ってるんだよ。うなるように土地があるんだから、それを売れば、すぐお金はできる。役立たずの役人が囲い込むより、よっぽどいいって。

**山口**　首都の土地の効率的利用につながりますもんね。

**髙橋**　だけどさあ、役人は資産売却を嫌がるんだよなあ。私ね、大蔵省で国有財産の管理をしてたこともあるの。公務員宿舎とか面倒くさくてさあ。所有権が国にあるから、管理人を出さなきゃいけないでしょ。だけど、公務員が管理人をやっても、まったく役に立たないの（笑）。トラブルがあったとき、民間会社みたいにすぐ対応してくれない。住人の苦情はこっちに来るから、私も腹立っちゃってさあ。「こんなもん民間に任せりゃいいじゃねえか」と言っちゃった。怒られたなあ。

**山口**　僕ら民間の人間からすると、なんで公務員だけは一緒に住まなきゃいけないのか、意味がよくわからないんですよ。リスク管理の面でも、テポドンとか飛んできたら全滅しちゃう。むしろ分散して住むべきじゃないんですか。

**高橋**　普通の民間アパートや民間マンションに住んだらいいよねえ。それで住宅手当を出せば。あるいは、公務員宿舎の土地をすべて民間に売って、そこに高いビルを建ててもらい、その一部分だけ借りるとかさ。都内の一等地に3階建ての公務員宿舎なんて、非効率の極みでしょう。民間が高層ビルを建てて、テナントとかコンビニとか入れるほうが、住人以外の人も喜ぶじゃない。

**山口**　そう思いますよ。それに、もうひとつ大きなプラスがある。そこにビルを建てた民間企業が儲かれば、税金がとれる。財政にも寄与するわけです。民間に放出することで、民間だけでなく政府だって得をするわけです。役人が抱え込むなんて、非効率の極みでしかない。

**高橋**　だけど、資産売却すると言ったら、猛反発を食らうのよ。官邸にいたときは少し実現しただけで、ほとんど何もできなかった。

**山口**　どうしてそこまで公務員宿舎に固執するんですか？

**髙橋**　私にもわからないよ。だけど、公務員宿舎を管理する人間だけで2000人ぐらいいるから、その人たちの雇用の問題になってきちゃうのかな。

**山口**　その人たちごと民間企業に移れば、いまより給料は上がるでしょう。管理会社の社員になるほうが得な感じがするけど。

**髙橋**　「公務員でなきゃ嫌」なんだってさ。そう言う人が多かったね。

## マスコミは無責任だ

**山口**　日本って、そういう不思議な話が多いですよね。いま僕は岩手県を活動の拠点にしてますけど、盛岡市とか行ったら、もっとひどいんですよ。公民館とかコンサートホールとか、みんな市が抱え込んでる。「なんで行政がやる必要があるんだ。民間に売り払ったほうが効率的だろう」と意見しても、意味がわからないみたいです。どうしても役人がやりたいみたいなんだ。

**髙橋**　国でも地方でも、政府の借金を減らすには、子会社の民営化がいちばん簡単なやり方なんだ。ところが、すっごい抵抗されるの。大阪市だって、橋下徹（前大阪市長）さんがあれだけ水道局や市営地下鉄を民営化しようとしたけど、いまだに実現しないでしょう。

私も東京の営団地下鉄の民営化に関わったけど、大変だった。

**山口**　あのときは猛反対でしたよね。営団地下鉄も国鉄もそうだけど、「民営化すると安全性が保てない」とか言うやつがいて、新聞もそのまま書き立てた。だけど、結局、何の問題も起きなかったじゃないか。むしろ稼ぐインセンティブが生まれたぶん、サービスは向上してますよ。

**髙橋**　そういう無責任な記事を書いたやつは、民営化で何の問題も起きなくても、知らん顔してる。なんとも納得いかないよな。

**山口**　こっちはリスクを負って発言してるのに。マスコミはいい加減ですよ。

**髙橋**　こっちは「もし自分の意見が間違ってたらどうしよう」って、真剣に勉強して計算するわけだよ。ところが、印象論だけで批判していたやつは、自分が間違ってても、その後は知らんぷり。「なんなの、これ？」って思うよ。本当はね、民営化の議論になったときは、証券業界に応援してもらいたいんだよ。政府資産を証券化して売るスキームなら、儲かるじゃない。なんで応援してくれないの？

**山口**　証券業界も財務省の顔色ばかり見てるんですよ。にらまれたらヤバイとか、ヒラメになっちゃってる。いまの証券業界を見回しても、財務省・金融庁と喧嘩するような根性のあるやつはいません。

## 政府のスリム化

**高橋**　民営化って手法はすごくいいんだ。成功率も高いのね。民営化は何個かやったけど、基本的に失敗してないよ。

**山口**　郵政民営化は先生の仕事ですよね。

**高橋**　小泉政権のとき、政策スタッフとしてね。当時、小泉さんにどうして郵政民営化にこだわるのか質問しても、いまひとつ理由がよくわかんなかったんだよ。そこで、郵政解散選挙（2005年）のときに考えたんだ。郵政って一業界の問題を、選挙の争点にするわけにいかない。「政府のスリム化」ってストーリーにしちゃおうと。郵政民営化は始まりにすぎない。他の分野でも同じことをやれば、日本政府はどんどんスリム化するんだって。ちょっと盛っちゃったね（笑）。

**山口**　その後の展開を見ると、そう甘くはなかったですね。いわゆる抵抗勢力が立ちはだかった。

**高橋**　私自身、そんなに期待はしてなかったよ。だって、小泉さんが常軌を逸したように行動したから郵政民営化だけは実現したけど、同じような「変人」ってそうそういないじゃない。あのすさまじい抵抗をはねつけるパワーを持った政治家がいなきゃ、次から次へ民営化なんて無理だよ。

**山口**　たしかにそうだな。郵政だけでも、自民党から造反者が続出して離党して、それに小泉さんが選挙で「刺客」を送り込んだりとか、大騒動でしたもんね。ひとつ民営化するだけで、ものすごくエネルギーが要る。

**髙橋**　郵政民営化って、当初は小泉さんと竹中さんしか賛同者はいなかったんだ。小泉さんが「もう一回やれと言われてもできないよ」と笑ってたけど、実現したこと自体が奇跡みたいなもんだった。そういう意味では、常軌を逸した政治家がたまに出るほうが、世の中がリシャッフルされていいのかもしれないね。

**山口**　でも、民主党政権の誕生で、流れが反転した。郵政は半民営化みたいになっちゃったし、政策金融機関の民営化も潰されちゃいましたもんね。日本政策投資銀行や商工中金の民営化とか。

**髙橋**　政策金融機関は民営化の法律まで出したんだけどねえ。郵政と政策金融ってコインの裏表なの。国の財政投融資システムのなかで、調達サイドが郵政で、運用サイドが政策金融だった。だから一緒に改革しようと思ったのに、どちらも阻まれた。民主党は財務省の言いなりだったから、まんまとやられちゃった。

**山口**　郵政は総務省だけの利害だけど、政策金融機関となると財務省、経産省、農水省とか、利害関係者が増えてくる。それぞれの省庁から天下ってるわけだから、民営化はより難しいミッションになる。

**髙橋**　とにかく抵抗が強いよ。国の持ってる固定資産を証券化して売るってアイデアも経済財政諮問会議に上げて、専門委員会まで作ったんだけど、潰された。たいした話じゃないよ。所有権が変わるだけで、日常業務に影響は出ないんだから。それでも猛反対される。そのとき確信したね。借金が大変だなんて嘘っぱちだと。大変だったら、真っ先に資産を売ってるよ。「借金返済は天下り先を守るためだ」なんて、日本で私しか言ってないけど、内部にいたからこそ見えるものがあるんだよ。

## 暴落なき暴落とは？

**山口**　しっかし、日本国債が暴落するって話も、なかなか消えませんねえ。そりゃ財政破綻すれば暴落する。それは間違いない。だけど、現在のデータから見て、財政破綻自体が起こりえないだろう、って話なのに。

**髙橋**　藤巻健史さんって、人間的にはいい人だけど、破綻の意見はひどい。だって、あの人、20年以上、暴落するって言い続けてない？　お経のように繰り返し唱えてるよな。

**山口**　僕、同じ業界にいたので１９８０年代から知ってるけど、同じことを言い続けてますよ。他にもハイパーインフレで超円安が来るとか。

**髙橋**　デフレを脱却できるかどうかって努力をしているときに、いきなり穏やかなインフレをスキップしてハイパーインフレだもんなあ。でも、現実はマイナス金利になっちゃった。国債価格は暴落するどころか、高値で推移してる。まったく逆の展開になっちゃってるよね。だけど、あそこまで国債も為替も読みを外しまくったら、マーケットでは生きていけないんじゃないの？

**山口**　だからJPモルガンをやめて、結局は政治家に転身しましたもんね。

**髙橋**　あの人、日本維新の会でしょ。私、維新の政策顧問をやってるから、よく会うんだ。すごく変な主張するから、戸惑っちゃうんだよな。こないだ国会に参考人で呼ばれたんだけど、参考人って答えるだけで質問しちゃいけないのね。だけど、もう辛抱できなくなって、「藤巻さん、そうおっしゃるけど、二十数年間、ずっと外れてるんですけど、どうなんですか？」と思わず聞いちゃった（笑）。

**山口**　逆質問しちゃった（笑）。

**髙橋**　もう国会が大爆笑になってさ。そしたら彼ね、「たしかに私はずっと外れてます」って認めちゃったんだよ。「当たらないんだけど、言わざるをえない」みたいなこと言ってたな。もう意味わかんない。議事録に載ってるよ。だけど、国債暴落論者って、どんどん新手が現れるね。こないだ浜矩子さんと対談して。

**山口**　ああ、同志社大学（大学院）の。

**高橋**　私ね、理系だから、まずは言葉を定義しないと議論を始められないの。「国債が暴落するって言うけど、暴落とは何を指してるんですか？」と聞いた。3年のうちに値段が6割下がるとか、半年のうちに半値になるとか、何でもいいんだけど、相手が何をもって暴落と考えているか知らないと、議論のしようがないでしょ。だけど、「暴落なき暴落です」って繰り返すばかりで数字の裏付けがなく、雰囲気でしゃべってるわけね。どうして、ああいう漠然とした意見が人気を博するんだろうね。

**山口**　一定の熱狂的なファンがいますよね。

**高橋**　私には議論のしようがない。読者もホラーを読む感覚で、日本経済の崩壊ドラマに震え上がってるんじゃないか。

**山口**　読者はそういう刺激を求めるんだと思いますよ。僕も最初の本（『なぜ日本経済は世界最強と言われるのか』）を出すときに、編集者から「日本国債は暴落しないなんて意見は売れないんですよ」と言われましたもん。大手出版社からは企画を軒並み却下された。結果的にはその本が10万部売れたから、暴落しないって意見でも出せるようになりましたけど。

## 未達はしょっちゅう起きている

**髙橋**　読者が現場をよく知らないから、ホラーが成立するんだろうな。幸田真音《まいん》さんの小説以来、未達が起きたら国債が大暴落するってイメージができちゃったけど、未達なんてしょっちゅう起きてるよ。私は大蔵省国債課の企画担当補佐を1年やってたの。国債の入札を取り仕切る仕事ね。たった1年間でも何回か未達があるよ。

**山口**　僕は入札する側だったけど、2～3回は未達を見てますね。

**髙橋**　国債の未達なんて海外でも当たり前だし、パニックになるような話じゃない。もちろん、毎回毎回、未達なら大問題だよ。だけど、入札は毎週やってるから、1年間に50～60回はあるんだ。そのうち何回か未達になっても、次で取り返せばいいんだよ。5回ぐらいなら、何の問題もないんじゃないか？　発行する側は国の資金繰りをちゃんと見ながらやってるんだから、資金ショートは起こらない。

**山口**　未達って、応札の多寡の問題だけじゃないんですよね。応札が多くても未達になるケースがある。だって、極端な値段で入れるやつもいますからね。「当たったらラッキー」ぐらいの感覚で激安の指値をしておく。

**髙橋**　そういうのを我々は「おちょくり札」と呼んでたの。「あわよくば」という指値。だけど、そんなの拾わないよ。資金調達コストが上がっちゃうじゃない。例えば1兆円を調達したくて入札を行ったとするでしょ。高い指値から順番に取っていって、９０００億円ぶんは確保できた。だけど、それ以下の指値はおちょくり札だった場合、無理して1兆円は調達しない。９０００億円で止めておく。残りの１０００億円はまた来週、調達すりゃいいんだから。未達といっても、意識的にやってるわけ。

**山口**　財務省の担当者によっては、おちょくり札を取る人もいる。そのときは入札価格の値幅がグーンと広がっちゃう。業界では「テールが流れる」と呼びますけど。すると、翌日の日経新聞が「テールが流れたのは、国債のニーズが落ちたからだ」って書く。日本国債を買いたい人が激減したから、そこまで安売りしないと資金が調達できないと。いやいや、そうじゃないだろう（笑）。

**高橋**　つねに何%かはおちょくり札だからね。拾わなきゃいいんだよ、ふざけた札は。業者の側でも確信犯でやるわけでしょう。

**山口**　入札でハジかれても「やっぱりそうだな」ぐらいの感想しかないですよ。

## 国債のリアルを知らない

**高橋**　みんな未達にばっかり注目するけど、重要なのは調達コストを下げるほうなんだよ。安くお金を調達できるなら、未達になっても問題はない。私がやった1年間に金利で

1000億円ぐらいは稼いだもん。まあ、国債の金利は全体で10兆円ぐらい払ってるから、1%ぐらいなんだけどね。それでも、やらないよりは財政に寄与する。こういう工夫もしないで財政危機だと言ってる財務官僚は多いと思うよ。

**山口**　実際に国債の入札をやってみると、いろんなことが起こりますよね。誤発注とかもよくありましたよ。レートを間違えたり、桁を間違えたり。本当は1000億円欲しいのに、100億円しか入れていなかったり。

**髙橋**　あったあった。ただ、すごく高い指値が入った場合は、間違いなく、すぐ電話がかかってくるね。「間違えました」って。

**山口**　誤発注した側が気付かないケースはないんですか？

**髙橋**　1回あったたな。地方の小さな信用金庫だったけど、どう考えても買えないでしょうという指値で。桁が二つぐらい間違ってるんだもん（笑）。国の立場で言うと、その札は欲しいんだよ。だけど、あまりに可哀想だから、「どうするんですか、これ？」って連絡したことがあった。わざわざ理事長が上京して、謝ってたけどね。こういうリアルを知っていたら、新聞記者ももっとマシな記事を書けると思うんだけどな。

**山口**　メディアの人は、株式のことは比較的、知ってるんですよ。だけど、債券になると、もう全然知らない。2016年に三菱東京UFJ銀行がプライマリーディーラーの資格を返上したときも、まるで「もう誰も国債を買わなくなる」みたいな報道でしたもんね。そういう問題じゃないのに。

**髙橋**　プライマリーディーラーって、一定の応札義務と引き換えに、財務省から情報がもらえる。それだけの話なの。あの資格がなくたって入札に参加することはできるんだ。たいした話じゃないよ。

**山口**　そもそも銀行が国債で稼ぐというのもねえ。

**髙橋**　そうそう。民間企業に融資して稼ぐのが、銀行の本来の仕事なんだ。これまでデフレが長く続いたから、国債の売買で儲けられただけの話で。マイナス金利で国債投資の魅力がなくなり、本来の業務に戻ろうってことならば、むしろ日本経済にとって喜ぶべき話題だと思うよ。少なくとも「国債が売れなくなる」なんて話じゃない。

## 売れないなんてありえない

**山口**　僕が国債をやってたとき、すごく印象に残ってるのは、大蔵省の人から「お客さん」って呼ばれてたんですよ。大蔵省から下にも置かない扱いを受けるって、あまり経験ないじゃないですか。

**髙橋**　国債を買ってくれるから、お客さんなんだ。私のときは国債課も予算を持ってて、プライマリーディーラーを接待できたんだよ。金融機関って普段は大蔵省を接待しなきゃいけない立場でしょう。だけど、国債やってる人たちだけは、逆に接待してもらえる。みんなものすごく喜んでたな。

**山口**　接待って、どんな感じなんですか？

**髙橋**　そんなたいした額じゃない。一人2万円ぐらいのフランス料理を食わせる程度だけど、それでも喜んでたなあ。別の部署に異動になったときに、倍返しされたりしてね。だけど、個別に接待することには批判もあって、途中からパーティ形式に変更した。三田共用会議所という大蔵省が管理・運営する施設があって、そこに大勢を集める立食パーティになった。ほとんどタダなんだけどね。

**山口**　民間としては情報が欲しいんですよね。だから、大蔵省と接触したい。

**髙橋**　だけどさあ、「入札の足切り価格（最低落札価格）を教えてください」って頼まれたことがあって（笑）。そんなの教えるわけねえだろう。あのときだけはのけぞったね。まあ、こっちも金融機関のポジションを聞くんだ。けっこう正直に話してくれるんだよ。それで発行のタイミングを見計らう。普通の役人は定期的に国債を出すんだけど、私はもっと気まぐれにやった。資金繰りもチェックしながら、どのぐらい足りないかを考えて、適当なタイミングで出す。

**山口**　それって、けっこう画期的じゃないですか？

**髙橋**　アメリカと似たやり方なんだけど、斬新だと言われたな。長期国債を出すときは、タイミングを見計らってドンといった。よくわからないときは短期国債をちょこちょこ出して、しのいだ。資金繰りを見ながら、現金が手元に少ししかないように工夫して。

**山口**　国が現金を持っていても仕方ないですもんね。

**髙橋**　仕方ないよ。必要なときだけ国債を出せばいい。バカな担当者は年度の最初にドカンと長期国債を出すんだけど、そんなに現金は要らないんだ。だから、さっきの立食パーティなんかで、業者の手の内を探るわけ。すると「そろそろ出してくれませんかあ。長期国債がないと商売にならないんですよ」なんて声が出てくる。そういうタイミングで出すと、もう鯉のエサみたいにパクンと食い付いてくる。みんなもう待ちに待ってるからね。そういう経験をしてるだけに、いまでも「国債が売れなくなるなんて、ありえねえ」と思ってるよ。

**山口**　特に日銀が大量に買うようになってから、国債は品薄ですしね。もはや発行残高の4割を日銀が抱え込んでるわけで、国債は奪い合いになってる。こんな状況で、いったいどうやって暴落するんだ。

**髙橋**　暴落しねえよ。金融機関は欲しがってるんだもん。

山口　僕もよく言うんです。「破産しそうなやつから金を貸してくれと頼まれたら、リスクに見合うだけの高い金利をとらないか？」って。いま10年物の日本国債の金利は０・１％を切ってるでしょ。もし財政破綻が目前に迫ってるなら、こんなタダ同然の金利で誰も金を貸してくれませんよ。マーケットの誰一人、財政破綻も国債暴落も想定していない証拠です。アメリカ国債ですら、２％台なかばの金利がついているわけですからね。

高橋　ブラジル国債や南アフリカ国債が個人投資家に人気があるのは、金利がすごく高いからでしょ。ブラジルや南アフリカといった国は、それだけ高い金利を払わないと、誰もお金を貸してくれないわけだよ。日本はその逆と考えればいい。

山口　そうなんです。それだけリスクがあるということを、みんな意識していない。ああいう投資商品はおすすめできませんね。いずれにせよ、日本は高い金利をつけなくても、みんなお金を貸してくれるほどリスクが低いということですよ。

## 国債のクーポンを統一する

高橋　私ね、国債に関しては、他にもいろいろ工夫したの。クーポン（国債につく利息）の利率はいつも一緒にしたりね。

山口　ああ、あれは先生がやったんですか。クーポンを固定しておいて、国債価格のほうで調整すると。読者のためにザックリ説明しておくと、国債には利息がつく。例えば発行時の市場金利が2％なら、100万円の国債に対して、1年間に2万円の利息が支払われる。クーポンレート（表面利率）として固定金利2％と記載される。だけど、発行時の市場金利をクーポンレートにしてしまうと、1・8％のクーポンがついた国債、2％のクーポンがついた国債、2・2％のクーポンがついた国債……といった具合に、種類がめちゃくちゃ増えてしまう。当然、それぞれの量が少ないから、売買しにくいわけです。

**髙橋** 銘柄がバラけるぶん、流動性が低くなる。

**山口** だったら、もうクーポンを固定しちゃおうと。例えば10年債のクーポンは2％と決めてしまう。これなら、10年債に関しては、2％のクーポンがついたものしか存在しなくなる。ただ、発行するときの市場金利が1・8％だったら、どうなるのか？ このままだと国は0・2％ぶん損することになる。その場合は、額面100万円の国債を100・2万円で売り出せば同じことです。市場金利の変化には、価格のほうで対応させればいい。

**髙橋** 同じ年限債は同じクーポンにして、ひとつの銘柄にしちゃおうって発想ね。上司からは発行ごとにクーポンを変えろと言われたんだけど、いっさい変えなかった。国債の価格は市場で決めるほうがいい。いまの例であれば、入札で100・2万円以上の指値が入れば、その差額ぶん国は儲かるわけでしょう。さっき、私が担当した1年間で1000億円稼いだと言ったけど、そういうことなの。逆に90万円の指値だったら、明らかにおちょくり札だから相手にしない。

**山口**　年限債ごとにクーポンを統一すれば、その年限債の量が増える。流動性が高まるわけです。我々にしたら、すごくありがたいんですよ。流動性がない状況で、ある程度まとまった額を売買したら、自分の資金で国債の値段を動かしてしまいかねない。だから、リスクヘッジには先物を売るしかないんだけど、現物と先物の価格差があるから、完全なヘッジにはならないんです。現物に流動性があるほうが助かる。

## 5年債はなぜ反対されたか

**高橋**　ぐっちーさんは、いつ頃、国債の売買をやってたの？

**山口**　僕はモルガン・スタンレーで最初にアメリカ国債をやらされた。それで1985年に日本国債の先物取引が始まったとき、日本国債の担当者がいなかったので、お前がやれと言われて。そこから1992年の末までやりました。

**高橋**　あ、だったら半年ぐらい重なってるな。私が国債を担当したのは1992年の7月からだから。当時、5年物の国債とかできたでしょう。あれ、私がやったの。すごい怒られたけど。

**山口**　ああ、あのとき5年債が出てきましたね。年限のバリエーションが増えて外資には好評でしたよ。

**高橋**　5年物だけ国債がないって不自然だからね。だけど、あのときは日本興業銀行がすさまじい抗議をしてきたんだ。

**山口**　なんで興銀が？　ああ、自分とこの利金債（利付金融債）とバッティングするのか。当時は5年物の国債がなかったから、興銀と日本長期信用銀行と日本債券信用銀行という3つの長期信用銀行が5年債を独占販売してましたもんねえ。リッキーとかリッシンとかいって。

**高橋**　そうそう。文句言われるのは予想できたんで、外堀から埋めていったんだよ。まずは4年債を出して、6年債を出して。それから4年何ヵ月とか5年何ヵ月とかいう国債を発行して、5年ピッタリの利金債を少しずつ挟み込んでいったわけ。そしたら興銀が怒り出した。

**山口**　当時はひどかったですよねえ。利金債の金利はこうした長信銀が談合で決めるでしょ。すると、長期プライムレートなんていう、民間企業が決めた金利が基準になっちゃう。銀行から借りるにしても、企業が社債を発行するにしても、長期プライムレートにプラスいくらで貸付金利が決まる。変なレートにされると、借りられなくなるところが出てくるわけです。だからマーケットは5年国債を大歓迎でしたよ。

**髙橋**　すごく喜ばれた。国債の場合は入札でやるから、金利がマーケットで決まるようになった。ところが、「それだと利金債の金利とズレちゃうじゃないか！」と興銀が怒ったわけ。でも、順番が逆だろうと。どこの国でも国債の金利プラスいくらで貸付金利が決まるのが普通じゃないか。

**山口**　それは正論だと思いますよ。一部の人間が金利を決めるんじゃなく、マーケットに決めさせるのが筋でしょう。国債の金利を基準に考えていくべきですよ。まあ、長信銀の既得権益だったからなあ……。

**髙橋**　あんまり文句言うもんだから、こっちも頭にきちゃって。「こんなデタラメの金利をつけてる銀行は長く続かないと思う」って、匿名で書いちゃった。１９９２年か１９９３年か、そのぐらいの時期に。

**山口**　実際、何年も経たずにすべて消えちゃいましたね。長銀も日債銀も１９９８年に潰れたし、興銀もみずほフィナンシャルグループに吸収された。

## 長信銀の破綻は予想できた

**髙橋**　なんで私が長信銀の倒産を予見できたかというと、ＡＬＭ（アセット・ライアビリティ・マネジメント）が私の専門分野だからなんだ。市場金利の変化で資産や負債の価値がどう動くかを見ながら、リスクを数理的に管理する手法ね。

**山口**　ＡＬＭの視点で見たとき、長信銀の弱点も見えたと。

**高橋**　だって、銀行のビジネスって、短期の資金を借り入れて、長期に運用するのが基本でしょ。長期金利より短期金利のほうが低いんだから、当然だよね。だけど、長信銀みたいに5年で資金調達しても、5年以上の貸し付けってあんまりないんだよ。いろんな貸し付けがあると言っても、1〜5年ぐらいのものが大半だから。

**山口**　長期の貸し付けって、不動産ぐらいしかないんですよね。それで長信銀は不動産融資にのめり込んでいき、バブル崩壊で大怪我をする。1992年頃にはすでにバランスシートがボロボロになりかけてた。

**高橋**　ＡＬＭで考えると、長期貸し付けのほうがリスクは高いんだ。というのは、金利がほんの少し動いただけで、資産はガーンと大きく動くから。短期だと、ここまで資産価値の値動きが大きくならないんだけど、長期の場合はちょっとした金利上昇で資産価値が激減しちゃう。

**山口**　国債でも同じですよね。短期国債は値動きなんてほとんどないけど、長期国債はちょっとした金利の動きで値段が大きく変動する。だからモルガン・スタンレーでも、短期国債の担当は入社2～3年目のやつ、中期国債の担当は入社5～6年目のやつで、長期国債に関してはベテランが担当してました。

**高橋**　でしょ。国債は1ヵ月物から30年物ぐらいまであるけど、長いものほど値動きが大きい。不動産も一緒だけどね。

**山口**　ちょっと金利が変わったら、地価なんて大きく動きますもんね。リスキーすぎる。それでも長期国債なら流動性があるので、値段が下がっても叩き売ることはできるんですよ。だけど、不動産は叩き売れないじゃないですか。いますぐ買って欲しいと思っても、買い手はすぐに見つからない。抱え込んだまま、不動産価格が急落していくのをながめているしかない。含み損はどんどん膨らむ。そう考えると、そもそも長信銀が5年債で資金調達する部分に無理があった。

**高橋**　まさにそうなんだよ。ところが長銀は短期貸し付けのほうが安全だと考え、1～5年の運用をするようになった。長期で調達して、短期で運用するようになったわけ。これだけ調達と運用にミスマッチがあれば、リスクはとんでもなく高くなる。運用じゃなく、調達のほうを見直すべきだったんだよ。だから私は興銀のやつに、「5年にこだわらず、いろんな年限の利金債を出したほうがいいんじゃないですか?」と言ったんだ。「それだと普通の銀行になっちゃうから」って、彼らは5年債にこだわった。長信銀のプライドだかなんだか知らないけど、なんてバカな連中だと思ったよ。そもそも長信銀って制度自体、リスクがありすぎて無理なんだ。長信銀が潰れたのはALMができない典型だよ。

## 地方債の利率を変える

**山口**　ああ、少しずつ当時のことを思い出してきました。5年物の国債が登場して、何が起こったか。そこからは5年国債の金利が基準になった。ここでみんな「あれっ。おかしいな」と気付いたわけです。興銀、長銀、日債銀って、経営内容が違うのに、どうして利金債の利率はまったく同じなんだろうって。

**高橋**　同じはずがないよね。それまでマーケットに判断させなかっただけの話だ。

**山口**　で、利金債の価格がグワーッと急落していく。興銀、長銀、日債銀の順番で、それぞれ違う値段になった。日債銀なんて、とんでもなく高い金利を払わないと資金調達できなくなった。それで、あっという間に潰れたんだ。

**高橋**　実は私、それと似たようなことを、小泉政権で竹中総務相の補佐官をしていた時代にもやったんだ。地方債の利率を変えちゃった。

**山口**　あ、そうだ。昔は地方債の利率ってどこも一緒だった。

**高橋**　総務省の地方債課長がカルテルやってたんだよ。それを見つけて、独占禁止法違反だぞと迫った。そしたら陰に、また興銀がいたの。

**山口**　地方債は闇だったなあ。国債は早い時期から電子決済になってて、情報がオープンだった。ところが、地方債は受託機関という制度があって、興銀が帳簿で管理してたんですよね。興銀が帳簿につけるまで、誰が売買してるか、いっさい見えなかった。民間の興銀だけが情報を握ってるという、なんとも変なマーケットだった。

**髙橋**　その地方債課長が「カルテルなんてやってません」と言い張るから、「じゃあ、公正取引委員会の親友に立ち入り検査させるぞ」と言ったら、「許してください」と。そこから地方債の利率に差が出るようになった。

**山口**　当たり前の話ですよね。財務内容とか全然違うのに、東京都も岩手県も同じ利率なんて、そんなおかしなことはない。

**髙橋**　一回、差がついちゃえば、あとは放っておけばいい。マーケットが判断してくれる。当時、太田房江さんが大阪府知事をやってたんだけど、文句言いにきたことがあったな。だけど、そんなに大きな差はないんだよ。0・1％ぐらいしかない。だから「この程度の差で潰れることはない。むしろいい刺激になる。これを糧《かて》にして頑張ってくれ」と竹中さんから言ってもらって、追い返した。

**山口**　何でも公開入札で決めるほうがフェアですよ。

高橋　私もそう思ってるんだけどね。けっこう抵抗される。「地方自治体で格差が出る」とか言って。

山口　格差なんて、すでにあるじゃないか。

高橋　要は「誰がどうやって決めるのがいいか」という問題でしょ。人為的に決めるよりかは、マーケットに決めてもらうほうがフェアだと思うよ。たしかにマーケットはデタラメに動くけど、ルールがはっきりしてるもん。

山口　マーケットのほうがフェアですよね。それに、金利を自由化すれば、マーケットの人間にも利益がある。あれで収益チャンスが生まれましたからね。例えば東京都の地方債は割安で、岩手県の地方債は割高だ、なんて感じたら、東京都を買って岩手県を売るようなアービトラージ（裁定取引）ができる。だから、民間の金融機関で反対してたのは、既得権を持ってる興銀とか野村證券ぐらいだった。

## 金利リスクをゼロにする

高橋　そのとき思ったけど、銀行のやつにはALMって感覚もないんだなと。当時は誰に聞いても知らなかったよ。日本の金融機関は後れてるよね。

山口　後れてますよね。だって、本当にこの10年ぐらいじゃないですか、金融機関がAL

Mなんて言い始めたの。

**高橋**　私は1996年にALMの解説書を共著で出したんだけど、そのまんまの『ALM』ってタイトルで出版できたから、当時はそれぐらい馴染みのない概念だった。まあ、郵便貯金で集めて、政府系機関に貸し付けるという意味では、大蔵省だって金融機関なんだ。だから、日本で最初に大蔵省が導入した。

**山口**　大蔵省が導入したのは、何年のことですか？

**高橋**　私が作ったALMシステムが稼働したのが1995年。海外の政府機関でも導入されてなかったから、相当早いんだ。同じ年に政府のバランスシートを作った話をしたけど、あれはALMをやるのが目的だったんだ。

**山口**　で、いろんな問題が見えてきたと。

**高橋**　いろんなミスマッチに気付いて、ビックリした。当時の財政投融資では、郵便貯金や簡易保険の資金が大蔵省に預託されて、それを特殊法人や政策金融機関に貸し付けてたの。だけど、預託期間は郵貯や簡保任せだったし、貸出期間のほうも特殊法人や政策金融機関の言うがままだった。

**山口**　調達期間と運用期間にズレがあったわけですね。

**高橋**　調達はほとんど郵貯だったんだけど、年限は3〜5年が多いのね。一方、貸し付けはものすごく長いのがあった。ここにミスマッチがあると、金利が動いたときに資産も負債も大きく変動してしまう。調達期間のほうが短いということは、何度か借り換えないといけない。もし借り換えの時期に金利が上がっていたら、損失をこうむることになる。金利がちょっと上がっただけで、数兆円の穴が空くような状況だったわけ。それで、財投債（国債の一種）という債券の形で資金調達するようにしたんだ。

**山口**　運用期間に合わせて、債券の年限を変えるということですか？

**髙橋**　例えば行政法人に10年ローンで貸し出すなら、10年物の財投債を発行して資金調達すればいい。期間のミスマッチがないから、金利リスクはゼロでしょ。さらに言うと、以前は国債金利に0・2％を上乗せした預託金利を、郵貯や簡保に払っていたの。割高な資金調達だった。財投債にすれば、国債と同じ金利で借りられる。この部分でも金利リスクを解消できた。

**山口**　このときの財投改革で、預託の義務もなくなったんですよね。

**髙橋**　そうそう。まあ、郵貯や簡保は自由な運用が許されてないから、その後も財投債を買うんだけどね。ただ、資金の流れとしては一緒でも、以前のような0・2％の上乗せはしなくてよくなった。

## 潰れる前に利金債は売った

**山口**　ＡＬＭ導入で、いろんなミスマッチに驚いたというお話でしたけど、大蔵省の人たち自身が金利リスクに気付いてなかったわけですよね？

**髙橋**　誰も気付いてなかった。大蔵省のキャリア官僚といっても文系でしょ。数学科出身の私ほどは、こういうのに強くないんだよ。

**山口**　まあ、政府って儲ける必要はないから、金利リスクをとる意味がないですよね。民間の金融機関と違って、金利リスクはゼロでいい。

**髙橋**　そうでしょ。で、金利リスクをゼロにしたあと、さらに信用リスクもなくしてしまおうと思って。実はね、政府も３長信銀の利金債を定期的に買ってたんだ。発見したときは驚いたけど。

**山口**　なんで、そんなものを買ってたんですか？

**髙橋**　買ってる理由は不明なんだけど、利金債を経由して政策をやるということだったのかな。いずれにせよ、政府が民間の利金債をたんまり持ってた。政府の資産を見ると、地方公共団体や特殊法人への貸し付けばかりで、広い意味での政府内のやり取りでしょう。ところが、そのなかで利金債だけが民間のものだった。民間企業は潰れる可能性がある。信用リスクがあるわけで、すべて削っちゃった。

**山口**　潰れる前に処分しちゃったということですか？

**髙橋**　結果的にそうなった。5年国債で採めたことを思い出しても、また足を引っ張られるだろうなあと覚悟してたのね。ところが、利金債の処分を大きな会議で提案しても、幹部の誰一人として反論しないの。ものすごく意外だったのを覚えてる。ひょっとしたら幹部だけは経営が危機的なのを知ってたのかもしれないね。まあ、潰れる3年前ぐらいの話なんで、真相はわからないけど。

**山口**　利金債を持ったままだったら、しゃれにならなかったですね。だけど、ALMの知見があったから、誰よりも早く政府の資金調達の問題に気付いた。3長信銀が潰れるのだって予測できた。そこまでリスクに敏感な人間が「財政破綻はない」と断言してるんだから、「そろそろ信用してよお」と言いたくなる（笑）。

**髙橋**　本当だよお（笑）。だってALMって、リアルタイムにバランスシートを作るような感じだからね。時々刻々と政府の資産と債務の変化をチェックできる。当然、政府の財務状況については詳しくなるんだよ。そもそも資金繰りを把握してないと、国債の発行なんてできないんだから。

**山口**　ALMの概念って、プロであるべき金融機関にも、エリート集団である大蔵官僚にもなかった。ましてや、いま財政破綻を煽っている人間の誰が、ALMを理解したうえで発言してるんだよ、って話ですよね。

**御用マスコミを作るのは簡単**

**高橋**　財政破綻するほど危機的な状況じゃないのに、消費増税を強要するのは、天下り先を守るためだ——。なかなか理解してもらえないんだけど、政治家には直観的に理解できる人がいて、それが安倍さんなんだ。だって、消費増税に関する財務省の説明が完全に間違ってたじゃない。

**山口**　消費税を5％から8％に上げてもまったく影響はない、と言ってましたもんね。

**高橋**　私もあのとき安倍さんから聞かれたんで、ちゃんと計算して、「2014年度の経済成長はマイナス0・5％になりますよ」と予想したんだ。消費関数を使って、可処分所得がどのぐらい減るのか、簡単に計算できるから。だけど、周囲は財務省の息のかかったやつばかりじゃない。多勢に無勢だった。戦っても時間の無駄だと思ったから、「まあ、結果を見てください」と言ったの。

**山口**　僕も日経新聞のエコノミスト100人アンケートに選ばれたんだけど、消費増税の影響がないという人が99人でした。マイナスの影響があると言ったのは僕だけで、そのあとボコボコにされましたよ。だけど、結果を見てみろと言いたい。消費増税のせいで、日本経済は失速しちゃったじゃねえか。

**髙橋**　世の中、デタラメな人が多いんだよな。だけどさ、政治家って面白くて、彼らは結果を見るんだよね。安倍さんも「政治家は理論がわからないけど、結果ならわかる。当たらない人の話は聞かなくなるし、より当たる人の話を聞くしかない」って。消費増税でデタラメ言った財務省の意見は、もう聞かなくなっちゃったの。政治家にとって当たるか当たらないかはすごく重要なのね。ある意味、気持ちがいいよ。

**山口**　予想を外した人は責任をとらない。日本のマスコミはひどいですよ。ちゃんと調べて、考えて書くということをしない。最初から書くことが決まっていて、その意見に合うコメンテーターを当てはめてるだけでしょう。「日経新聞で本当のことが書いてあるのはスポーツ欄だけ」って、よく言ってるんですよ。

**髙橋**　私も「日経読むとバカになる」と言ってる。取材にさえ来ないで、こっちが言ってもないことを書くからな。信用できない。まあ、財政研究会（財務省の記者クラブ）の元キャップが社長などの幹部をやってるんだから、財務省に逆らうとは思えないけどね。だけど、日経だけじゃないんだよ。新聞全体がひどい。自分たちは軽減税率を適用してもらって、消費増税のサポーターになっちゃった。大新聞の社説を見てても、明らかに財務官僚のレクチャーを受けてるのがわかる。

**山口**　自分で一次資料に当たらないんですよね。

**髙橋**　政府の予算書なんていったら数千ページもある。大変だけど、それを読むのがマスコミの仕事のはずだよね。ところが、読むのが面倒だから、官僚がマスコミ用にまとめた資料を右から左で報道しちゃう。

**山口**　そういう資料に頼るようになると、財務省に依存していく。記者クラブって制度も問題ですよね。記者クラブから締め出されることを恐れて、役人が嫌がる記事を書けなくなっちゃう。

**髙橋**　告白するとね、大蔵省にいたときマスコミ対策をやってたことがあるの。自分のほうからマスコミ各社へ出向いて、「内部資料」と称するものを渡せば、イチコロなんだよ。携帯番号とか教えてあげたら、もう舞い上がっちゃうの(笑)。御用マスコミなんて簡単に作れちゃうわけ。思惑通りに記事を書かせて情報操作するなんて、官僚にとってはお手のものなんだよ。だから、各紙が同じ記事を書いてるときは、裏で官僚が暗躍してると勘ぐったほうがいい。

## サイコロ振るのと変わらない

**山口**　御用学者って人もいますね。

**高橋**　政府の審議会って、そもそも役所と反対の意見の学者は呼ばないでしょ。呼ばれる人って、審議会に出ることで「箔が付く」って感覚の人も多い。役人から情報や理論を提供されて、「いやあ、勉強になりました」って、本気で喜んでる人もいるんだよな。その情報を基に論文を書いたりしてさあ。報酬も悪くないし、そういう御用学者は役所の言いなりになるよ。

**山口**　エコノミストと称する人たちもひどいですよね。エコノミストが経済予測をするのと、競馬記者が競馬の結果を予測するのと同じレベルですから。

**高橋**　もともと内閣府が始めて、いまは日本経済研究センターがやってるESPフォーキャスト調査ってあるじゃない。民間エコノミスト40人前後が経済予測をするやつで、あれに選ばれるのがステータスらしいんだけどさ。私、一回、彼らの予測を分析したことがあるんだ。そうしたら、彼らの6ヵ月先の予測と、サイコロを振って決めたのと、統計的には識別できなかった。サイコロを振ってるのと変わんないわけ。もちろん、当たるときもあるんだけど、それは翌日に統計が発表になるケースだけ。そりゃ、関係者から情報を仕入れてるから当たったって当然だろう（笑）。ズルイよ。

**山口**　それが日本のトップエコノミストと呼ばれてるわけです。読者はおそらく「素人の自分より、プロのほうがよくわかってるに違いない」と思ってるでしょうけど、こと経済予測に関してはそうじゃない。1980年代にゴールドマン・サックスが、トレーディングの戦略がどこまで正しいか検証したんです。そしたら香港の風水師の予測のほうが当たっていた（笑）。それでゴールドマンは一時、トレーディングデスクを閉じたんですよ。プロと言っても、そのレベルなんです。

**髙橋** エコノミストだって、数字が苦手な人が多いんだ。日本の大学で経済学部は文系でしょう。私の印象では経済学って工学に近い分野で、理数系の素養が必須なわけ。実際、バーナンキをはじめ、アメリカの経済学者たちって数学のセンスがいいよ。日本のエコノミストが予測を外すのも、日本の経済学者がノーベル賞をとれないのも、数学が苦手だからだと思う。

**山口** それでもテレビに出てきて、堂々とコメントしてますけどねえ。

## なぜ嘘がまかり通るのか

**髙橋** ちょっと話変わるけど、テレビとかでNG出されることない？　私の場合、財務省から圧力がかかってバツになることがけっこうあるの。

**山口** 僕はスポンサーからかなあ。テレビ東京なんて、3回ぐらい怒られてますもん。「モーニングサテライト」って番組で「円高になって、本当に困ってる奴がいたら出てきなさい！」と挑発したら、円高が困るスポンサーだった。

**髙橋**　特にNGも出されずテレビに出続けてるエコノミストって、逆に信用ならないよね。だいたい金融機関の紐付きだから、金融機関寄りの意見しか言わない。特に金融機関のシンクタンクにいるエコノミストほど怪しい職種はないと思うなあ。親会社の意向に沿った話しかできないでしょ。嘘ばっかりついてる。ぐっちーさんは金融機関にいたから、そういう人知ってるんじゃない？

**山口**　いっぱいいますよ。親会社の意向に反することは絶対にできない。本当のことを言うようなやつは潰されちゃう。

**髙橋**　子会社に出向した人って、島流しにあったような感じなんだよな。もう戻ってこれないかもしれないとヒヤヒヤして。親会社の顔色ばっかりうかがっちゃう。いい加減なコメントしかできないのは、能力の問題も大きいけど、親会社や役所の意向に逆らえない部分もあるんだろうな。

**山口**　それが財務省に関してだと、なおのこと反対できない雰囲気になる。

**髙橋**　親会社である金融機関は外為資金の運用なんかを財務省から任されるから、逆らえないんだよ。それでエコノミストは消費増税に賛成しちゃう。学者に関しても同じだよ。金融機関の紐付きになってる人が多いから。

**山口**　新聞は軽減税率を適用してもらって、自分たちだけ逃げ切る。記事を書くネタをもらうためにも消費増税に賛成する。

**高橋**　経済界も法人減税とバーターで消費増税に賛成してるよね。政治家に関しては、予算が膨らむほうが配分のおこぼれにあずかれるから、大半は増税に賛成だ。こうやって挙げていくと、財務省に真っ向から歯向かう勢力がいないでしょう。これこそ「消費増税しないと財政破綻する」なんて嘘がまかり通っている理由なんだ。せめて一般国民は反対しないと損するばかりだよ、と言いたいな。バーターで何ももらえないのに、請求書だけ押し付けられるんだから。

## 財務省には逆らえない

**山口**　野村総合研究所とか特にひどいですね。野村證券の思惑通りにしかエコノミストが発言しない。

**高橋**　特に証券会社系シンクタンクは財務省の天下りが多いからね。財務省に逆らった発言をすると干されちゃう。財務省もそいつには直接言わないんだよな。親会社のほうに言う。「おたくの系列の○○さんって、面白い意見をお持ちですねえ」って。そうつぶやくだけで、親会社がシンクタンクにピューッと飛んでいく。

**山口**　そういうの昔からありましたよ。さっきの国債の話でも、大蔵省に逆らう発言をするようなやつは、プライマリーディーラーの懇親会に自分だけ出られないとかね。もう完全に情報封鎖されちゃう。

**髙橋**　大和総研の理事長は武藤敏郎さん。大蔵（財務）次官までやった人が天下っちゃってる。大和証券があの人を引き受けたのは、ワンクッション置いて日銀総裁になると読んでたからなんだ。ところが、民主党の反対で実現しなかったじゃない。するといま、大和総研に次から次へ天下りが来ちゃって、大変らしい（笑）。

**山口**　そりゃ、財務省の意向に逆らった意見は出てきませんよね。

**髙橋**　大和総研でチーフエコノミストやってる人なんてひどいじゃない。財政破綻を避けるには消費増税が不可欠なのに、過剰に拒絶するのは日本人の民度が低いからだ、みたいなこと言ってさ。あれ完全に財務省の意見でしょ。媚びへつらってるわけだよ。でも、すでに結果は出ちゃったぞ。

**山口**　結果は出ちゃった。消費税を上げると、明らかに日本経済にはマイナスだと。嘘をついてた連中は身の置き所がない。

**髙橋**　そうすると、彼みたいなエコノミストはもう使えないんだよ。それで、私のところに大和証券から講演依頼が来る。地方で優良顧客の勧誘をやらなきゃなんないのに、「社内のエコノミストを使うと、営業に支障が出る」とか言ってたよ。大和証券の立場では言えないことを、私に言ってほしいみたいなんだ。

**山口**　顧客はけっこううるさいですよ。特に経営者レベルになるとリテラシーが高い。消費増税の影響はないなんて言ってた人は信用が地に落ちた。もう嘘をつく人の話なんか聞かない。そのへんは政治家と一緒で、シビアです。特に地方に行けば行くほど、そういう感じがするな。だから僕のところだって、とある銀行系のシンクタンクから「うちの代わりに言ってください」って講演依頼が来る。

**高橋**　そのシンクタンクだって財務省が天下り先にしてるんだろうね。自分の立場では言えないことが多いんだ。

**山口**　先生のところに大和証券が頼むのと、理由は一緒だと思います。

**高橋**　消費税を8％に上げる前は、こんなことはなかったんだ。外資系証券から頼まれて、プロの投資家向けに金融工学の話をするようなのはあったよ。数学を駆使したデリバティブの専門的な講義ね。だけど、証券系のシンクタンクから「一般向けに話してください」という依頼が急増したのは、消費増税以降なんだよな。

**山口**　少しずつではあるけど、エコノミストの嘘、財務省の嘘に、みんなが気付き始めてるんですよ。こういう依頼は、これからもっと増えると思うな。

# 第４章　「アベノミクスをどう評価するか」

## ＧＤＰと失業率

——失業率は下がったものの、賃金がなかなか上がらない。企業業績に改善は見られる一方、デフレ脱却がなかなか実現しない。物価上昇率２％の達成時期にいたっては5回も先送りされ、黒田東彦・日銀総裁の任期中に実現しないことがほぼ確実です。アベノミクスをどう評価していますか？

**髙橋**　なんとなく雰囲気で評価する人が多いんだけど、私の場合、全部、数値化なんだよ。だって、「アホノミクス」なんて感情論で批判しても、生産的じゃないでしょ。拠《よ》って立つデータを提示しないと、議論にならないから。

**山口**　数字で見れば、アベノミクスで何が変わったか、変わらなかったかが比較できますもんね。で、数値としてはどこを見ますか？

**髙橋**　マクロ経済政策で見るべき指標はふたつしかない。ＧＤＰと失業率。このふたつだけ。株価はＧＤＰの先行指標でもあるから、これは株価の評価でもあるし、ＧＤＰは国民の所得の合計だから、これは所得の評価でもある。失業率のほうも、べつに就業者数に置き換えてもいい。まあ、別の数字を見てもいいんだけど、とりあえずＧＤＰと失業率で評価する。

**山口**　点数をつけるとしたら、何点ぐらいですかね？

**髙橋**　失業率のほうは満点に近いんだ。いま失業率３・０％ぐらいなんだけど、２・７％ぐらいで完全雇用になると私は計算してるから、ほとんど底に近い。アベノミクスが始まる前は５・１％の時期もあったわけで、劇的に改善している。就業者数で見ると、民主党時代は30万人ぐらい減ってたんだけど、安倍政権では１００万人以上も増えている。失業者を最小化することこそマクロ経済政策の目的だとすれば、十分に正しい政策をとっていると言える。

**山口**　失業率はそうですけど、ＧＤＰのほうは問題がありませんか？

**髙橋**　ＧＤＰのほうはダメだね。政権発足当初は良かったんだけど、消費税を８％に引き上げたせいで失速しちゃった。実質ＧＤＰ成長率を見ると、アベノミクスがスタートした２０１３年度は２・６％あった。ところが、消費増税後の２０１４年度はマイナス０・４％と、マイナス成長になっちゃった。２０１５年度は１・３％に持ち直したけど、それでもまだダメだよね。こっちは40点ぐらいしかつけられない。だから、私の評価としては、ＧＤＰが40点、失業率が90点というところかな。財政政策が40点、金融政策が90点と言い換えてもいいけど。

山口　僕は消費増税がアベノミクスでもっとも良くない政策だったと思ってます。

髙橋　そうだよ。私もそう考えてる。だけどさあ、安倍さんとしては「決めたの俺じゃないのに……」って気分があると思うよ。あのときは病気で休んでたでしょう。消費増税を決めたのは民主党政権だし、そのときの自民党総裁は谷垣（禎一）さんだった。当時の安倍さんは私に「増税なんかやんなくても、経済成長で財政再建できるんじゃないの？」と聞いてきたぐらいで、本心はやりたくなかったんだよ。

## 財務省色に染めてくれ

山口　ただ、消費増税を実行した罪はあるんじゃないですか？

髙橋　それはそうなんだけど、「言うは易し」で。一度決めたものをひっくり返すのって、ものすごくエネルギーがいるんだよ。安倍さんは消費税10％へのさらなる引き上げを2回も延期してるでしょう。2回目の延期のときは解散までして。政治家として解散総選挙というリスクをとったわけで、褒めはしないけど、まだ頑張ってるほうじゃないのかなあ。

山口　野田（佳彦）さんは首相の時代に消費増税を決めて、民進党の幹事長になった現在も消費増税が必要だと繰り返している。野党の幹事長とは思えないですよね。

髙橋　野田さんのシロアリ演説って知ってる？　天下り法人をシロアリに見立てて、「消費税を上げるより、天下りをなくすのが先だ！」とか演説してたの。ところが、民主党が政権をとるや、逆に民営化の動きを潰して、消費増税を決めちゃった。事前に言ってたこと と、やったことが真逆なんだ。

**山口**　もう財務省の操り人形ですよね。民主党はホントに何ひとついいことをやってないよなあ。

**髙橋**　藤井裕久さんって、大蔵省出身の政治家がいたでしょう。引退しちゃったけど。彼は鳩山（由紀夫）内閣で財務大臣をやってた。あのとき野田さんは財務副大臣になるんだけど、藤井さんが野田さんを財務省に連れてきて「この野田君を財務省色に染めてくれ」と言ったらしいの。本当にその通りになっちゃったよな（笑）。野田さんはそこから財務大臣になって、その次が総理でしょう。それじゃあ財務省べったりになっちゃうよ。個人的にはいい人なんだけどね。

**山口**　財務省としては簡単に洗脳できたでしょうね。だけど、野党になってまで消費増税を求めるってどうなんですかね。普通は逆でしょう。与党が増税に反対してるのに、なんだそれって感じ。

**髙橋**　だから安倍さんはほくそ笑んでると思うよ。だって、野党が「どうして消費増税しないんだ」と迫れば、「私はすべきじゃないと思う。国民の皆さんはどう思いますか？」

って、選挙の争点にできるじゃない。選挙で消費増税を潰せる可能性がある。

**山口**　ああ、その手はありますね。

**高橋**　蓮舫代表・野田幹事長という民進党のトップは、ある意味、もっとも強力な安倍サポーターなんだよ。だから、安倍さんだって、蓮舫さんの二重国籍問題を追及しなかったでしょう。生き残っていてほしいんだ。みんな冗談で「野田さんは隠れ自民なんじゃないか？」と言ってる（笑）。「民進党を潰して、自民党に入るつもりじゃないか」って。小泉さんの「自民党をぶっ壊す」は嘘だったけど、野田さんは本当に民進党をぶっ壊すかもしれないね。

## 政治家は冷酷であるべき

**山口**　人事って重要ですよね。蓮舫さんはどうして野田さんをナンバー2に選んじゃったのかな。女性党首（代表）で民進党の人気が上向くかと思ったら、あれで萎《しぼ》んじゃった。

**高橋**　蓮舫さんは組織にいた経験がないでしょう。人事なんてわかんないんだよ。もちろん、組織にいたことがなくても人事ができる人は存在するんだけど、彼女には無理だったってことだな。だけどさ、蓮舫さんは民進党の党首なのに、あんな豪邸を公開しちゃっていいのかね。調度品とか見ると、どれだけ金持ってるか、一目瞭然じゃない。主張に迫力が出なくなるぞ。

**山口**　彼女はご両親が大金持ちですからねえ。何回か会ったことがあるけど、所詮《しょせん》はお嬢様なんですよ。小池百合子さんとは迫力が違う。

**髙橋**　小池さんはよく知ってるけど、もう全然違う。勝負勘もあるし、けっこう冷酷だし、要は政治家なんだよ。人事もできる。

**山口**　僕は丸紅時代にカイロに出張してたことがあって、小池さんのご両親が経営されてる日本食レストランにはずいぶんお世話になったんです。そのとき小池さんも現地にいたけど、蓮舫さんとは育ちが違う感じがしますね。

**髙橋**　政治家ってさ、親しくなくても親友みたいに電話をかけてきたりする。小池さんってそういうのが普通にできるのね。もうタマが違うよ。政治家としての資質が違う。ぐっちーさんは自分の会社の人事をやったりするんでしょ。

**山口**　会社といっても、アメリカに40人、シンガポールに20人、日本に10人ぐらいの規模ですから、人事もくそもない。僕が嫌いな人間は絶対に連れてこない。方針はそれだけですよ。

**髙橋**　人事ってそういうもんだよ。好き嫌いで選ぶのが当たり前の世界だ。第一次安倍政権のときにマスコミは「お友達内閣」って叩いたけど、嫌いなやつと仕事できるわけないじゃない。おかしいよ、そういう批判。

**山口**　モルガン・スタンレーにいたときも、本社からずいぶん「あいつを辞めさせろ」なんて指示が来るんですよ。理由を聞いたら「俺は嫌いだ」って(笑)。平気で言いますからね。組織ってそういうもんなんだなと思いましたもん。

**高橋**　波長の合わないやつとは仕事できないから、当然だよ。人事に平等なんてありえないし、依怙贔屓《えこひいき》が基本だ。だから蓮舫さんが野田さんを選ぶのも間違いじゃないんだけど、クライアントから猛烈に嫌われてるやつだったら、その人事は不可でしょうと。その人事が会社の運営に影響を与えちゃうんだから。いくら仲が良くても、そこで国会運営のほうを優先させて、冷酷に切り捨てるのが政治家なんだと思うよ。人事ができない人がトップに立つほど最悪なことはないよ。

## おちょくり求人

**山口**　ＧＤＰについては消費増税に足を引っ張られたということで、次に失業率を考えたいんですが。たしかに数字としては下がっている。だけど、現場で見てると、実態としてどうなのか。僕は東京の現状はあまり知らないけど、岩手の状況はよく知ってる。すると、求人はあるんだけど、自分が就きたい仕事が見つからないことが多いんですよ。非正規雇用まで含めた就業者数が増えてるんであって、必ずしも正規雇用が増えてるということではないという気がするんですが。

**髙橋**　全体に増えたんであって、正社員が増えたとかいう話ではないよ。

**山口**　ハローワークに行くと、ガーッと求人票が並んでる。だけど、「こんな安月給じゃ、4人家族でやっていけないじゃないか！」というのも多い。

**髙橋**　そりゃ、そうだよ。ミスマッチは絶対にある。だって、会社がどういう条件を出すかは自由なんだから。

**山口**　まあ、そう言ってしまえば、それまでなんだけど……。

**髙橋**　国債のところで「おちょくり札」って話をしたじゃない。あれと同じで「おちょくり求人」というのもあるんだよ。悪条件の求人をあわよくばで出して、本当に応募してくるやつがいればラッキーみたいな。だけど、これを国が拒絶するわけにいかない。だって、本当におちょくり求人かどうかなんて、外から判断できないじゃない。逆に、求職者の側だって「おちょくり応募」してると思うしね。

**山口**　ああ。「俺はこんな安い男じゃないんだ」みたいな。

**髙橋**　傍《はた》からは「いい仕事を見つけたなあ。この人に向いてるなあ」と見えても、当の本人は「俺の本当の仕事じゃない」とか「俺はもっと高い給料をもらえるはずだ」とか思ってるケースもあるでしょ。そういうのは、外からはわからないんだよ。雇うほうは、できるだけ安く雇いたい。雇われるほうは、できるだけ高く雇われたい。求人側も応募側も、ブラフをかけまくってる部分もあるから、難しい。

**山口**　だから国はミスマッチの部分には踏み込まないと。

**髙橋**　踏み込みようがないよ。非正規社員を問題視する人が多いけど、「正社員は息苦しいから、非正規社員のほうがいい」って人も実際に多いでしょ。「時間に縛られるのが嫌だからフリーランスがいい」とか。そんなの本人にしかわからないよ。そこまで複雑なことを国のレベルで面倒見るのは、実務的に不可能なんだ。だから評価基準に入れていないわけ。国が一律に決められる問題じゃないから。

## 有効求人倍率は1倍じゃ足りない

**山口**　ミスマッチは自助努力で解決してくれってことですな。

**髙橋**　そういうミクロの部分に国は関わるべきじゃないと思う。そこは企業に任せるべきなんだ。といっても、国は何もしなくていいって話じゃないよ。マクロの部分には責任を持つべきだと思う。

**山口**　マクロの部分というのは？

**高橋**　この本でも、私はずっと「金融緩和をやって失業率を下げろ」と繰り返しているでしょ。そうやって全体のパイを大きくするのが、国の責務だと思ってるんだよね。実際、有効求人倍率は1・4倍まで上がってきた。これってバブル期以来の高さなんだよ。もし求人と応募にミスマッチがないんだったら、あれは1倍で十分なはずでしょ。だけど、「有効求人倍率が1倍になったから終わり」と言わずに、さらに上げていこうとしてるのは、そういうことなんだ。1倍だったら、おちょくり求人に応募せざるをえないけども、もっと求人数が増えたら無視できる。求人数がどんどん増えていけば、おちょくり求人も自然と淘汰されていくんだよ。

**山口**　世の中の求人自体が増えれば、応募する側にもいろんな選択肢ができてくることは事実ですね。

**高橋**　求人内容について国が恣意的に介入するより、そうやってマーケットに決めさせたほうがフェアだよね。ミスマッチみたいに細かい部分には関与しないけど、求人数を増やすことには努力する。マクロ経済を動かした結果、ミクロの問題が自然と解決するよう仕向ける。これが国の仕事なんだよ。ミクロの問題を放置してるんじゃなくて、マクロを通じて解決しようとはしてるんだ。国が直接、ミクロに介入するのは良くないと考えてるだけ。だって、ミクロのことまですべて官僚が取り仕切った社会主義は、ことごとく失敗したじゃない。ミクロは民間に任せたほうがいいというのは、歴史が証明してる。

**山口**　非正規を自発的に選んだんじゃなく、非正規にならざるをえなかった人もいますよね。そういう統計は存在しないんですか？

**髙橋**　どうやったら、それを調べられるの？　そんなの調べようないって。本人の気持ちの問題だから。国ができるのは失業率を下げるところまでなんだ。だけど、失業率が高かった民主党政権の頃は、職もなかったし、転職も簡単じゃなかった。いまは転職も簡単になったんだから、スキルアップするなり、会社を替えるなりして、対応しやすくはなってるはずだよ。ミスマッチって運不運とか、個人の好みとか、いろんな要素が入ってくるから、国の政策でどうかできるテーマじゃないんだ。

## 新卒学生がもっとも恩恵を受けた

**山口**　いまは新卒学生の就職もだいぶ楽になったみたいですね。

**髙橋**　楽になった。失業率が下がったとき、変化がもっとも鮮明に表れるのが新卒者の就職なんだ。普通の雇用よりかは、新卒者の雇用のほうが、より限界的でビビッドに動くんだよ。「ちっとも雇用が良くならない」なんて批判する人がいるけど、新卒者を見れば、アベノミクスの前後で劇的に変わってるのは、誰も否定できない。

山口　やっぱり民主党時代はひどかったですか？

髙橋　もうボロボロだった。就職内定率60～70％なんて、普通にあったんだ。

山口　60％って、二人に一人は就職できないってことですよ。

髙橋　そうだよ。だから、アルバイトでも何でも、どこかへ必死に潜り込ませた。うちの大学なんか、いわゆるFランク大学だから、大変なんだよ。

山口　Fランクって、ひどい言い方だなあ。

髙橋　これは河合塾が言ってるの。偏差値でAからEまで分けるんだけど、その基準では分類できない大学がある。受験者が少なくて、ほとんど不合格者が出ないような大学ね。正確に偏差値が計算できないっていうんで、フリーランクってとこに分類されてる。そのFランク大学の学生が、いまはほぼ１００％就職できる。アベノミクスが始まってから、就職内定率がグングン上がったんだ。

山口　ええっ！　そこまで違いがあるわけですか。

髙橋　もう劇的だよ。大学の教員は学生指導が良かったと言うんだけど、絶対違う。だって、学力は4年前とまったく一緒だもん。失業率が下がったから、その恩恵を新卒学生がもろに受けただけの話だよ。どんなに学生指導したって、景気が悪かったら就職できない。大学側の営業努力でなんとかできる問題じゃないんだよ。国のレベルで失業率を改善しないかぎり、こうした問題は解決しない。

**山口**　人生において最初の一歩は重要ですよね。

**髙橋**　重要だよお。やっぱり学生たちの最初の就職ぐらいはなんとかしてあげたいんだ。そのあとは知らないよ。給料が少ないとか、雇用条件が悪いとか、不満があるなら、自助努力で解決しろと。だけど、右も左もわからない新卒のときには、最低限の職は用意してあげたい。私は自由主義的な考え方だから「冷たい」と言われることが多いんだけど、完全雇用を実現することだけは国の責務だと思ってるんだよ。金融緩和さえやれば失業率が下がることはわかってるんだから。

**山口**　僕もその意見と変わらないな。完全競争がいいなんて思わない。

**髙橋**　ホリエモンなんかは違うんだ。もっと過激な自由主義で、失業は自分の責任だから、すべて自助努力でやれって言うな。

**山口**　ホリエモンとは接点がありますが、何でも極端なんですよね。

## 一流大学の先生ほど理解していない

**髙橋**　池田信夫さんってエコノミストがいるでしょう。私の悪口ばっかり言ってるんだ。「金融政策を雇用に使うな」って。だけど、お前も大学の先生をやってるんだろう。どうして学生たちが就職できないのを平気で見ていられるんだ。

**山口**　彼はＮＨＫ出身だけど、いろんな大学の客員教授やってきましたよね。

**高橋**　実はね、Ｆランク大学の教員のほうが失業率には敏感なんだ。企業は上から採用していくじゃない。不況のときでも一流大学は影響を受けないんだよ。だから、一流大学の先生って、学生の雇用にまったく関心を示さないいんだ。齊藤誠さん（一橋大学教授）なんて、けっこう立派な人なんだけど、「就職できないのは根性が足りないからだ」とか平気で言っちゃうの。

**山口**　放っておいても、一流大学の学生は勝手に就職していきますからね。

**高橋**　だからね、一流大学の先生ほどダメなの。金融政策と雇用に関係があるというのは世界の常識なんだけど、一流大学の先生ほどそれを理解しない。金融政策に関して比較的まともな発言してるのって、だいたいマイナー大学の先生なんだ（笑）。身近で深刻な問題なんだもん。だけど、マイナー大学だと、それだけでマスコミが取り上げないじゃない。それで大きな声になっていかない。

**山口**　東大や慶応の先生の話しか聞かない。

**高橋**　そいつらはひどい発言をするんだ。慶応の池尾和人さんなんて「金融政策ではデフレ脱却できない」って繰り返すんだけど、デフレ退治が目的じゃないんだよ。第２章でも話したけど、金融緩和の目的は雇用を増やすことなんだ。結果的にデフレ脱却するとは思うけどね。そこを理解してないから、議論してもまったく嚙み合わない。

**山口**　池尾ゼミって、金融機関への就職率がすごいんですよ。ゼミ生が優秀すぎて、雇用問題の実感がない。

**髙橋**　彼は金融関係の組織の顧問なんかやってるから、そっちを見てるんだ。だけど、金融機関のほうばかり向いちゃうと、マズイ面もあるでしょ。だって、金融機関にはデフレが続いて金利が下がっていくほうが儲かる人がいるじゃない。

**山口**　債券をやってる人なんかはそうですよね。金利が下がれば、債券価格は上がる。株式とか融資をやってる人はそうじゃないけど。

**髙橋**　日本はデフレが長く続いたから、銀行の債券部門は羽振りが良くて、出世する人も多かったんだ。「俺たちが銀行を支えてきた」という自負もあるし、実際、経営者になった人もいる。偉くなるとお金が使えるから、系列のシンクタンクに発注する。そうすると、本社の顔色ばかりうかがってるエコノミストは「デフレのほうがいい」ってレポートを出しちゃうわけだよ。これホントだよ。知ってるやつがやってるもん。金融緩和に否定的なのは、こういう「デフレ勝ち組」の人たちなんだ。

**山口**　アベノミクスでかなり金融緩和をやって、マネタリーベースは４００兆円を突破しましたよね。このまま増やし続けて問題ないんですかね？

**髙橋**　そんなの全然、大丈夫だよ。もちろん無限に増やせとは言わないけど、まだまだ増やして大丈夫。みんなマネタリーベースの数字ばっかり見て騒ぐんだけど、私は気にしていない。むしろ失業率の数字のほうを見てる。計算上は2・7％まで下げられるはずだから、もうちょっと緩和の余地がある。インフレ率だって、雇用が増えれば上がるよ。完全雇用が実現すれば人手不足になるから、企業も賃金を上げざるをえない。賃金が上がれば消費者物価も上がる。つまりインフレになる。わざわざデフレ退治なんて言わなくても、失業率だけ見てればいいんだ。そういう意味で、いまは「まだまだ緩和が足りない」状態だと考えてる。

## なぜ日銀は雇用で説明しないのか

**山口**　先生の話を聞いて、金融緩和の目的がよくわかりましたけど、僕がよく理解できないのは、日銀総裁の黒田さんがインフレ目標のことばかり話すでしょう。物価上昇率2％なんて、いつ達成できるのかも見えない。なんで物価目標の話ばかり繰り返しているのか。

**髙橋**　インフレ・デフレで説明するから、話がややこしくなるんだよ。金融緩和は雇用のためにやってるんだから、失業率のほうが重要なんだ。

**山口**　だったら、どうして「日銀の金融緩和のおかげで、雇用がこんなに回復したんだ！」って胸を張らないんですかね？

**髙橋**　形式的には日銀の仕事に雇用が入ってないからだよ。法律上、失業率を下げるのは日銀の仕事じゃないんだ。だから、どうして雇用がこんなに良くなったのか、いまの政府では誰も説明しない。おかしな話だよな。

**山口**　日銀の政策目標に雇用は入ってないんですか？　FRBの政策目標は、物価を安定させること、雇用を最大限に増やすこと、このふたつですよね。

**髙橋**　イエレン議長は雇用の専門家だしね。アメリカでは雇用が中央銀行の仕事になってるんだけど、日銀はそうじゃないんだ。制度上は雇用に責任を負ってない。

**山口**　そうかあ。それで黒田さんはインフレ目標の話しかしないのか。

**髙橋**　私なんか経済実態で考えるほうでしょ。実態として日銀が雇用を動かしてるんだから、「もう言っちゃえよ」とイライラするんだ（笑）。だけど、黒田さんは官僚なんで、そういう発想をしない。法律の立て付けのなかで考えるんだよ。「あなた雇用について責任持ってるんですか？」と聞かれて「持ってます」なんて答えたら、大問題になるじゃない。法律上はなんの権限もないんだから。言わないほうがディフェンシブだというのは、官僚の行動としてわからなくはない。

**山口**　そういう事情だったのか。ようやく納得しました。

**髙橋**　私のように雇用で金融緩和を説明すればスッキリするのに、物価で説明しようとする。そうすると、今度は別の問題が出てくるわけ。どうして物価が上がらないのか？　消費税を8％に上げたせいで、消費が伸びないからだよね。みんながモノやサービスを買わないから、物価が上がらないんだ。だけど、彼は財務省出身だから、それが言えないわけ。

**山口**　自分たちの間違いを認めることになりますからねえ。

**髙橋**　黒田さんなんて、安倍さんに「消費税を上げても景気は悪くなりませんよ」と言っちゃってるんだ。嘘ついてるんだよな。だから、いまさら間違っても消費増税の影響だと説明するわけにいかない。それで、どうして物価上昇率が伸びないのか、説明がウダウダになっちゃってるわけ。

## なぜ黒田総裁だったのか

**山口**　日銀のトップに立っても、官僚としての縛りがあるわけですね。

**髙橋**　だから、中央銀行の総裁として見たとき、黒田さんは疑問符がつくな。雇用で説明しないし、消費増税の影響を見誤ったたし。官僚としての立場はわかるんだけど。実は、白川さんの任期が終わる頃に、安倍さんから「次の日銀総裁には誰がいいと思いますか？」

と聞かれたんだよ。それで、私は黒田さんの名前を挙げた。

**山口**　どういう理由でピックアップしたんですか？

**髙橋**　どう考えるかというと、まず日銀総裁をこなせる人材となると、財務省か日銀かどっちかしか見当たらない。財務省と日銀のたすき掛け人事に批判があるのは知ってるけど、人材的に仕方のない面もあるわけ。だから、総裁一人、副総裁二人を無難に選ぼうとすると、ほとんど選択肢がない。財務省、日銀、学者から一人ずつ選ぶ。

**山口**　で、財務省枠で黒田さんが浮上したということですね。

**髙橋**　財務省出身者で日銀総裁ができそうな人のうち、もっとも金融緩和に理解があるのが黒田さんだったの。ただし、彼が増税派なのは知ってたから、「消費税に関して余計なことを言うかもしれませんよ」とは安倍さんに伝えた。

**山口**　たすき掛け人事をやめる手もあったわけですよね？

**髙橋**　やめてもかまわない。だけど、それは安倍さんがどこまでリスクを冒すかの問題だよね。実際、そのとき私の話を聞いていた人から「リフレ派で3人揃えられないのか？」って質問が出たの。それは可能だよ。実際に名前も挙げた。私にできるのはそこまでで、あとは安倍さんの判断だよ。

**山口**　これまで三役の一角を占めていた財務省を外したら、当然、何かしらのしっぺ返しを食らう。

**高橋**　そりゃ、そうだよね。「あのポストに誰かを押し込める」と皮算用してたのに、強引に外しちゃうわけだから。安倍さんはそこまでの政治リスクは冒さなかっただけ。組織運営って、そういうものでしょう。人事を一回やったことのある人間なら、半分ぐらいしかうまくいかないのはわかると思う。

**山口**　人事は思い通りにいきませんね。どこまで妥協するかだ。

**高橋**　そういうのを批判する人って、だいたい組織に属したことがない人なの。一匹狼の評論家で政府の人事を激しく批判する人がいるけど、「あんたにはこの苦労がわかんねえだろうなあ」って思うよ。何もかも理想通りになるなんて夢物語だ。

**山口**　まあ、妥協するでしょうね。

**高橋**　はっきり言うとね、安倍さんにとって経済はどうにでも柔軟に対応できるテーマなんだよ。安全保障みたいに妥協できないテーマじゃない。

**山口**　政権の安定のためなら、経済に関しては妥協してもよかったわけですね。

## 初めて金融を政治に使った

**高橋**　私は雇用をもっとも重視するでしょう。「自由競争の結果、失業者が増えても知ったことじゃない」なんて考え方はしない。どちらかと言えば左派の政策だから、労働組合を支持基盤とする民主党から好感されるはずなの。だから、民主党が政権につく前、こういう政策がありますよと、いろいろ教えたわけ。喜んでくれる政治家もいたんだけど、結局、党の政策としては採用されなかった。

**山口** それが自由主義の自民党で採用されたというのも皮肉な話ですよね。

**高橋** 安倍さんがどん底にいた時代にしょっちゅう会ってたと話したでしょう。民主党にしたのと、まったく同じ話をするわけ。相手が民主党であろうが自民党であろうが、私は意見を変えないから。金融緩和をすれば失業率が下がるし、景気も回復しますよって。そしたら安倍さんが「それはいい」と。「だけど、これ、左派の政策ですよ」と確認したんだけど、「全然かまわない」って（笑）。

**山口** 安倍さんとしては外交とか憲法改正とかのほうがメインテーマだから。

**高橋** そうなんだよ。経済に関してはこだわりがないの。アベノミクスって言葉が使われるのは悪い気がしないだろうけど、決してアベノミクスに政治生命を賭けてるわけじゃない。経済がうまくいけばいい程度に思ってるはずだよ。

**山口** アベノミクスは手段にすぎないわけですね。

**高橋** 手段なんだ。だけどね、歴代の政権で、金融政策を言ったのは初めてなんだ。これって画期的なんだよ。それまで金融政策は官僚にお任せの世界だった。官僚としては政治家に口をはさまれたくないから「中央銀行の独立性」みたいなことを言い続けて、財務省と日銀だけで金融政策を動かしてきたわけ。治外法権みたいにして。

**山口**　初めて政治が金融に介入したと。

**高橋**　独立性には2種類ある。目標の独立性と手段の独立性。それまで日銀はこれを区別せず、インフレ目標を政府が定めることにすら反発したんだ。だけど、中央銀行も政府の子会社でしょう。政府が目標を与えるのであって、中央銀行に目標を決める権利なんかない。これが世界の標準的な考え方なのね。とはいえ、いったん政府が目標を与えたら、細かいことに口をはさんじゃいけない。その目標をどうやって達成するかは、中央銀行に任せなきゃいけない。

**山口**　つまり、手段の独立性だけは認めましょうと。

## 金融政策のほうが効く

**高橋**　金融政策の有効性を初めて理解したのが安倍さんなんだ。他の政治家に話しても、誰も理解できなかった。さすが政治家だなあと思ったのは、「要するに人事をやればいいんだな」って、すぐ理解したこと。日銀の総裁は自分が決めるけれど、あとはその人に任せるって。もちろん、安倍さんが経済理論をどこまで正確に理解してるかはわからない。だけど、政治家は人事をやって、目標を与えるまででいいんだ。

**山口** 安倍さんが復権するときの自民党総裁選で、彼だけが金融政策を言ってたのは、差別化をはかった面もありますよね。

**高橋** 当時はリフレ派なんて傍流だったからね。そのぶん差別化できた。もちろん、あの時点では差別化が目的だったのかもしれないよ。これをやればライバルに勝って総裁に返り咲けるし、選挙でも民主党に勝てると。だけどね、昔からいろいろ話してるぶん、安倍さんの知識がものすごく増えてきたんだ。いまや、すべての政治家のなかで、もっとも金融政策のことを理解してると思う。もし安倍さんが総理になってなかったら、いまだに日銀は目標の独立性を手放してなかったはずだよ。

**山口** その場合は、デフレも失業率もまったく改善していなかった可能性がきわめて高いですね。

**高橋** そう思うよ。マクロ経済政策には、たったふたつの政策しかないの。財政政策と金融政策。最適通貨圏の話でロバート・マンデルが出てきたけど、彼はジョン・マーカス・フレミングと一緒に「マンデル＝フレミング効果」という理論を打ち立てた。固定相場制では財政政策は効くけど、金融政策は効かない。変動相場制では金融政策は効くけど、財政政策はあまり効かない。そういう理論。

**山口**　日本はずいぶん前に変動相場制になってるのに、ずっと財政政策だけで不況を乗り切ろうとしてきましたよね。小渕（恵三）首相のときとか、けっこう大規模な財政出動をやったのに、ほとんど効果がなかった。

**髙橋**　だから「失われた20年」は当然の帰結なんだ。有効なのは金融政策のほうなのに、財政政策しかやらなかったんだから。ちなみに、マンデル＝フレミング効果では、変動相場制であっても、大幅に金融緩和をやった状態では財政政策も効くとされている。つまり、いまなら財政出動をやっても効くわけね。金融緩和をやったおかげで、政策の選択肢も増えたんだ。

**山口**　だけど、不思議な感じもしますね。そういう世界的に有名な理論があるのに、どうして第二次安倍政権まで実現しなかったんだろう。

**髙橋**　やろうとしたことはあるんだよ。竹中平蔵さんは当然ながらマンデル＝フレミング効果を知ってるから、小泉政権でも金融政策によるデフレ脱却をやろうとした。だけど、当時は日銀の「独立性の壁」を突き崩せなかった。その壁を崩したのが安倍さんだということ。日銀の金融政策決定会合は非公開なんだけど、10年たつと議事録が公開される。それを読むと、オブザーバーだった竹中さんが孤軍奮闘してたことがよくわかるよ。

## アベノミクスは手段でいい

**山口**　自民党が総裁の任期を2期6年から、3期9年に変更したじゃないですか。安倍さんがまだしばらくやる可能性が高い。いまの流れだと、当初の任期2018年9月で辞めそうな雰囲気はありませんね。

**髙橋**　2020年の東京オリンピックは首相としてやるつもりなんじゃないの？　長期政権を批判する人も多いけど、官僚に好き放題させないためにはいいんだよ。短命だと思ったら、絶対に誰も言うことを聞かないから。

**山口**　民主党時代の首相って数ヵ月で替わったじゃないですか。あれじゃあ、抑えがきかない。実際、財務省の好き放題だった。いまは当時よりはるかに官邸主導になってますもんね。

**髙橋**　官僚って自分の御身大切だから、長期政権だと条件反射的に言うことを聞いちゃうんだよ（笑）。長いものに巻かれる。官僚ってそんなもんだ。

**山口**　安倍さんはアベノミクスを手段としてしか考えていないけど、案外そっちのほうがいいのかもしれない。僕たちビジネスをやってる者は、あまり政治家に経済をなんとかしてくれなんて考えてないんです。邪魔するのだけはやめてくれ、と思ってるけど。政治に助けてもらわなくても、自分の頭で考えて稼ぎますよ。影響を受けるとしたら、法人税率をどうするか、みたいな制度の部分だけかな。政治家があまり経済に熱心にならないほうが、世の中うまく動く気がします。

**高橋**　でしょ。経済なんてさあ、政治がなくてもいいような世界なんだ。「安倍首相は経済に熱心じゃない」って批判する人がいるんだけど、それでいいんだよ。安倍さんは経済に興味がないと思われてもかまわないんだよ。だけど、結果はちゃんと見てる。結果を出さなかった財務省の言うことなんて、いまや聞かないからね。財務省にとっては目の上のたんこぶみたいな存在になってると思う。

**山口**　財務省としては、いつ消費増税の凍結を言い出すか、戦々恐々でしょうね。

**高橋**　戦々恐々だと思う。経済に熱心な政治家でも、ちゃんと数字を見て判断してくれるなら、いいんだよ。だけど、これまで「経済が私のメインテーマです」と言う政治家は、思い入れだけでやる人ばかりだった。「結果がすべて」の安倍さんのほうがいいよ。変に思想信条を持ち込まれたら、経済がグチャグチャになっちゃう。

## 自由貿易がなぜ「お得」なのか

**山口**　なんか「数字で考える」というのがこの本の主題みたくなってきたけど、TPPだってそうですよね。感情論で語る政治家が多すぎる。経済の分野に政治家が口をはさむのであれば、ちゃんと数字で考えてほしい。

**高橋**　ビジネスやってる人間としては違和感あるでしょ。私、左翼の活動家は嫌いだけど、ビジネスマンはわりと好きなんだ。ビジネスの損得勘定と合理的思考って、親和性があるから。

**山口**　僕、いま岩手で仕事してるでしょ。TPPの話題がしょっちゅう出るんです。第一次産業の生産者が多いから、当然、感情的に反発する。だけどね、ちょっと立ち止まって考えてみようよと。「農業やってるあなただって消費者なんでしょ。生産者としての損と、消費者としての得を一回計算してみて、比較したうえで決めても遅くないんじゃないですか」って。それで役所のやつに計算させたんですよ。その数字を見て、それまで反対してた人も黙っちゃった。消費者としての得のほうが大きかった。

**高橋**　自由貿易のメリットについても数字で出せるんだ。経済学の長い歴史のなかで「自由貿易のほうが得だ」ということは実証されてるの。貿易を自由化すると、輸入が増えて消費者は得をする。一方、国内の生産者は競合商品が流入してくるぶん損をする。これを比較した場合、どんな条件でもつねに消費者の得のほうが大きいんだ。

**山口**　メリットがデメリットを上回っている。つまり、全体としては得になる。

**髙橋**　100パーセント自由化というのはありえないから、交渉次第でメリットの大きさは変わってくる。例えば日米貿易を自由化するとして、条件によっては、アメリカのメリットが大きくて、日本のメリットはそれより小さいなんて事態もありうる。だけどね、そんな場合ですら、日本が現状よりマイナスになることはない。メリットが小さかった場合でも、絶対にいまより得をするんだ。

**山口**　TPPについても、同じことが言えますよね。

**髙橋**　今回のTPPの条件で計算すると、消費者のメリットが年間6兆円、生産者のデメリットが年間3兆円。つまり、国全体では年間3兆円ぶん得するわけ。当然ながら、損する人は文句を言うよ。そんなの当たり前じゃん。だから、損したぶんは補塡してあげる。得をする消費者から税金をとって生産者に渡しても、差額の3兆円は残るでしょ。どっちがいいかは明らかだよ。

**山口**　要は再分配の問題ですよね。だけど、どうしても損得の議論まで行き着かないんだよなあ。その前にカーッとなっちゃう。もちろん、なかには違う反応を見せる人もいて、実は「TPPでアメリカ市場に輸出できるようになれば、いまより高く売れる」って、ワクワクしている農家もたくさんいるんです。僕は何人も知ってる。カーッとなっちゃうのは、アメリカでは勝負できない農家なんだ。

## 農家に還元すればいい

**髙橋**　最大限に再分配しても、お釣りがくる。これが自由貿易のメリットなんだ。私も反対論者によく言うのよ。「どんだけ損するか言ってくれ。損したぶんをすべてあげるから」って。だけど、「そんな問題じゃない」とか言うんだよなあ。

**山口**　僕のときは安全問題にすり替えられちゃった。「TPPで得をするのかもしれないけど、海外の農薬漬けの農産物が入ってきたら、子供たちの健康が」とか言って。だけどね、調べてみたら、日本が認めてる農薬は320種類ぐらいあるんですよ。一方、アメリカが認めてる農薬は60種類しかなかった。

**髙橋**　アハハハハ。日本のほうが農薬漬けだ(笑)。

**山口**　べつに農薬の数が少ないから安全だと言うつもりはないですよ。だけど、こういうデータすら頭にないのに「国産だから安全だ」と妄信する態度は、かえって危険だと思うんですよね。

**髙橋**　食の安全ってエキサイトする人がいるから困るんだよな。だけど、常識的に考えてみてよ。「危険な海外産」って言うけど、向こうの人はそれを食ってるんだよ。どこの国の基準に合わせても、食って死ぬことはないよ。そんなに変わらない。競合する生産者が、日本に入れないための口実にしてるとしか思えないな。反対派の消費者って、生産者のポジショントークに乗せられてるんだよ。純粋な消費者にとっては得しかないのに、あれだけ反対するってことは。

**山口** 僕もそう思います。安全性には、ものすごく小さな差異しかない。

**高橋** ＴＰＰではＷＴＯ（世界貿易機関）の安全基準が適用されるんだけど、それが不安なら、もっとも厳しい基準を適用すりゃいい話じゃない。それでも反対されるんだよな。だけど、我々が毎日その辺で食ってるもん、もっと怪しいのがあると思うぞ（笑）。

**山口** 日本のほうが危ねえよ（笑）。

**高橋** あれは何なのかね。エキサイトするんだよな。牛肉を食ってアルツハイマー病になるとか言うけど、牛肉が原因なのか、自然にアルツハイマー病になったのか、確率的には識別できないんだよ。確率で考えるって発想がないよね。ＢＳＥ（牛海綿状脳症）が怖いから全頭検査しろとか言うけど、そんなの意味ないよ。全部調べなくたって、「この頭数だけ調べたら、すべて調べたのと変わらない」って数字があるんだよ。統計学ってそういう学問なんだ。だけど、すべて調べろと言う。非合理的なんだよな。

**山口** 遺伝子組み換え作物とかね。

**高橋** 遺伝子組み換え作物を食ったら、まるで全員が健康被害があるようなことを言うんだ。べつに食ったたって、アメリカ人と同程度にしか死なないよ（笑）。いやいや、そういう言い方だと誤解されるんで補足すると、そんなに危険だったらアメリカでも流通しないよね。アメリカ人だって同じ人間なんだぞ！

**山口**　トランプがTPP離脱を表明しましたが、日米間のFTAでも実質的には同じような交渉になるから、日本の農家の多くは潰れるでしょうね。だって、日本の農家の78％は年商300万円未満なんですよ。年収じゃなく年商ですよ。そこまで小規模な農家を税金で助けてる。やっぱり歪《いびつ》な構造だと思うな。彼らの生産量は全体の1％もないから、仮に潰れても社会全体への影響はない。こう言うと怒られちゃうけど。

**髙橋**　私はぐっちーさんよりは優しくてね、一時金あげちゃう。10年間ぐらい一時金を支給しますから、その間にすみやかに農家を辞めて、別の仕事に転職してくださいって。優しいでしょ。配るの大好きなんだ（笑）。だけど、潰れる農家に還元してもお釣りがくるぐらい、自由貿易のメリットは大きいと思うよ。

**山口**　髙橋先生がお優しいのはわかりますが、補助金を出すなら、やる気のある農家を応援してほしいんです。普通にやれるのであれば年商300万円未満なんてありえないから、そういう人に出すのはおかしいですよ。死に金になる。出すのであれば、例えば40歳以下の地元出身者以外で年商1000万円を超えた人に限定するとかね。彼らはやる気があって、ある程度のビジネスノウハウも持ってるから、そのレベルに達してるわけです。そんな人を応援すれば、年商1000万円が3000万円に化けるかもしれない。そういう成功例を見たら、「ほー。農業は儲かるのか」と思って参入してくるやつは必ずいます。どうせたいした金じゃないと言うなら、そういう呼び水として補助金を使うのはありじゃないでしょうかね。

## 原発をなくすのは簡単だ

**髙橋**　安全性の話に戻るけど、安全性ってコストをいくらかけるかという話だから、計算できるんだよ。私ね、原発のコストも計算したことがあるの。役人は原発がもっとも低コストだと主張するけど、大嘘だった。

**山口**　あれって、燃料の再処理コストとか、廃炉コストとか、いっさい算入してないんですよね。

**髙橋**　うん。さらにね、東日本大震災のときみたいな事故に備えて、保険にも入らなきゃいけない。この保険がべらぼうに高いわけ。計算すると、もっとも高いエネルギーが原発だとわかった。私の計算では、原発の真の発電コストは17・5～20・5円／キロワット時。これって、ＬＮＧ火力や地熱の倍ぐらいなの。ほとんどの発電方式よりコスト高になっているんだ。

**山口**　ビジネスの世界では、まず保険を考える。それを考えない事業なんてありえません。じゃあ、原発事故に備えて保険をかけましょうとなったとき、受けてくれる保険会社なんて存在しませんよ。

**高橋**　保険をかけられたとしても、ものすごく高いものになる。

**山口**　ものすごく高い保険料を払うから、電力会社の負担は大きくなる。保険をかけられないとなったら、事故が起きたとき、さらに大きなコストを電力会社が負担することになる。最初からビジネスとして成立していないわけです。

**高橋**　だからね、コストを顕在化させることなんだ。いまは事故時に誰が補償するのかうやむやな状態だから、コストが見えない。最後は国が面倒を見てくれると思ってるんで、不透明なままなんだ。だけど、原子力事業を完全に民間に任せちゃったら、あまりにコストが高いんで、誰もやろうとは思わなくなる。

**山口**　まったくそうなんですよ。電力自由化で、いろんな電力会社ができたじゃないですか。東京電力だけが原発コストを上乗せしたら、とんでもなく高い電気料金になる。誰しも他の電力会社を選びますよ。東電だって、原発に別れを告げるはずです。原発は自然と淘汰されていく。

**髙橋**　それを原発反対派の活動家にも言ってるわけ。「反対デモなんか必要ないんだ。コストの顕在化だけやれば、自然と消えていく」って。だけど、「そんなの生ぬるい」とか怒られるんだよな。倫理学者からは「市場原理主義者！」と糾弾されちゃって（笑）。どういう思考経路なのか、まったく理解できない。市場原理に任せたら、彼らが敵視する電力会社だって、原発のことが嫌いになるよ。熟柿《じゅくし》が落ちるように原発は消えていくと思うんだけど、そういう議論はいっさいしない。

**山口**　僕も原発には反対ですけど、活動家の人とは議論が噛み合わない。非合理的なんですよね。だけど、こんな話は出版だからできるけど、テレビでは絶対できませんよね。いつも「経済については何を言ってもらってもかまいませんが、原発の話だけはしないでください」って頼まれます。

# 第5章　「規制緩和はなぜ進まないか」

## 官僚にはできない

――アベノミクスの旧「3本の矢」は金融緩和、財政政策、成長戦略の3つ。金融政策は合格、財政政策は落第、という評価でした。成長戦略については「いまだに形が見えてこない」との批判もありますが、そもそも政府主導で成長戦略を策定することは可能なんでしょうか？　できるとしたら、どのあたりがターゲットになりますか？

**髙橋**　私ね、小泉政権のときに何度か「成長戦略を出せ」と言われたんだけど、毎回断ってたの。だって、ビジネス経験のない一介の官僚に、どの分野が成長するかなんて予測できるはずないじゃん。だから「私にはまったくわかりません」って。

**山口**　正直ですねえ。いや、あんまり官僚の方が成長戦略とか考えないほうがいいと思いますよ。やるなら、民間からアイデアを吸い上げるべきで。

**髙橋**　「成長戦略をぶち上げて、政府主導で産業を育ててくれ」なんて言う人は、城山三郎さんの小説『官僚たちの夏』みたいのをイメージしてると思うんだ。各種の研修で読まされるんだけど、ものすごく違和感があった。読書感想文に「産業政策は意味がないんじゃないか」と書いて、えらい怒られた。

**山口**　優秀なる通産官僚の指導で、高度成長が実現したというイメージね。

**髙橋**　あんなの大嘘だよ。戦後の通産省の産業政策はほとんど効果を上げなかった。産業政策が無意味だというのは多くの経済学者の指摘するところで、クルーグマンなんかも否定している。だから、他の先進国は産業政策なんかやらない。そもそも産業政策に相当する英語が存在しないしね。

**山口**　本当に成長分野が予測できるんだったら、自分でやっちゃいますよね。

**髙橋**　そうだよお。経産省なんか辞めて、自分でやるほうが賢いよ。だけど、そんなやつ、一人も見たことがない。経産省はいまだに産業政策を考えるんだよな。官僚は優秀だというイメージに、自分自身が縛られちゃってるんだと思う。

**山口**　むしろ国が指導したりしないほうがいいと思いますね。余計なことはしないでもらいたい（笑）。

**髙橋**　まったくそうだよ。明治時代みたいにヨチヨチ歩きの資本主義段階にあるならともかく、これだけ発展した資本主義の段階においては、政府はむしろ何もしないほうがいい。民間に任せたほうが効率的なんだ。何がヒットするかわからないから、民間はいろいろチャレンジするでしょう。経産省からヒアリングされると、そのなかで有望な分野の話だけをする。それを経産省が政策目標に定めて、さも自分が考えたかのように言ってるだけなんだ。産業政策なんて、後付けなんだよ。

**山口**　あえて成長戦略というなら、規制緩和をやることだと思うんですよ。積極的に何かやるんじゃなくて、いま民間の足を引っ張ってる規制をやめてもらう。

**高橋**　まったく同感。あえて成長戦略というなら規制緩和と民営化だよ。

## なぜ公園に店が出せないのか

**山口**　地方再生案件をやっていると、「なんで規制緩和しないんだ！」とイラつくこともしばしばなんです。例えば公園の使用法。近所の公園に行けばわかると思いますけど、たき火はおろか、キャッチボールもサッカーも、何でも禁止でしょう。できることが少ないんで昼間からシーンとしていて、夏にはセミしか鳴いていないわけですよ。ましてや、そこでカフェをやったり、バーをやったりなんて商業利用も、もちろん認められない。

**高橋**　ああ、あれはもったいないよね。けっこう立地のいい公園も多いから。店を出してくれたら、私なんか、けっこう飲んじゃうけどな（笑）。

**山口**　まさに都会のオアシスで、環境もいいですからね。そこで店をやりたいなんてニーズは腐るほどある。ところが、市などの自治体から許可がおりないんです。夏の盆踊りの数日間だけ、例外的にビールを売ったり、屋台を出すことができるけど、残りの350日はまったく稼働していない。本格的な店が出せない。

**髙橋**　公園って、市民や区民の財産なのに、それを有効活用してないわけだよな。

**山口**　どう考えてもおかしいでしょ。誰かが借りれば賃料が発生して、市の収入になる。店が儲けたら納税するから、市の収入はもっと増える。さらにいえば、人が集まって金を生むようになれば、公園周辺の地価が上がり、固定資産税だって増える。もちろん、公園の利用者も出店者も喜びますが、市にとってもメリットは大きいわけです。誰にとっても良いことずくめなのに、なぜか反対する。いったい何なんですかね？

**髙橋**　そういうとき役人ってさ、「問題が起きたとき誰が責任とるんだ」とか、どーでもいい理屈をこねて反対するんだよ（笑）。

**山口**　わけのわからない役人根性ですよね。公園は特定の人の利益に使われてはいけないとか、食中毒は市の責任になるとか、つまらん心配をして、制限する。事故が心配なら、事業者に保険をかけさせればいいだけの話でしょう。「自治体としては責任持ちませんよ、お客さんも自己責任で行ってくださいね」と言えば済むのに。本当におしゃれなカフェやバーができれば、みんな喜んで「自己責任」でお金を払いに行きます。こんなおいしいビジネスを取り込めない自治体は、ホント頭悪いと思いますわ。

**髙橋**　役人の世界ってさ、そういうおかしなことばかりなんだよ。

**山口**　公園だけでなく道路も一緒ですね。欧米の都市みたいに道路上に店を出したっていいじゃないですか。そのどこが問題なんですか？　道路使用を認めるだけでも、その地域の姿が変わっていくことに、役人は早く気がついてほしい。そのためには規制緩和しかない。道路の使用なんて、国でやらなくても、市や区のレベルで十分判断できますよね。その首長がゴーサインを出せば実現可能なものばかりです。

**高橋**　うん。なんでも国でやろうとせずに、どんどん地方に権限委任していくべきだと思うよ。中央の官僚って、抱え込むのが好きすぎる。

## 数をこなすのが最優先

**山口**　前章でアベノミクスに点数をつける話がありましたけど、僕がつけるとしたら70点。マイナスの30点は何かというと、消費増税を強行したことと、規制緩和をやらないことなんです。この点に関しては、大いに不満がある。規制緩和はたいした効果を上げていない気がするんですけど……。

**高橋**　規制緩和って、だいたいそんなもんだよ。

**山口**　あっ、そうですか。だけど、小泉さんのときほど目に見えるものはまだ出てきていませんよね。

**高橋**　規制緩和の具体的なネタって、正直よくわかんないの。ぐっちーさんがわかるんだったら、ぜひ教えてもらいたいよ。私、何回やってもわかんない。規制緩和の資料を見ると何百もメニューが並んでるんだけど、そのうちどれをやったら効果が出るのか、予想がつかない。もう全部やってみるしかない。

**山口**　まあ、メニューの数が多すぎるというのはありますよね。どれを選べばもっとも効率的なのか、選別が難しい。

**高橋**　あまりに数が多いから、数値化して比較するとか無理なんだよね。だから私が安倍さんに言ってるのは「とにかく下手な矢をたくさん放つしかない」と。いっぱい矢を放てば、そのうちどれかは当たるって世界。どれも拒否しないでやってみれば、100に3つぐらいは成功するんじゃないの。

**山口**　片っぱしからやるって、僕も賛成ですね。

**高橋**　だからね、いちばんいいのは特区だと思うんだよ。国の法律を変えたら、いきなり全国展開になっちゃうでしょ。何をやるのでも抵抗されるから、エネルギーを奪われる。いきなり全国展開だと、ひとつふたつやるだけでヘトヘトになっちゃって、数をこなせないわけ。数が少なければ、失敗だけで終わる可能性が高い。だから、特区でちまちまとやればいいのよ。とにかく数を試せば、そのなかから少しは成功するのが出てくる。結果が読めないぶん、数をこなすことを最優先する。

**山口**　規制緩和に関しては、僕らみたいなビジネスをやってる側から具体的な要望を出していくしかないですよね。

**髙橋**　役人からは無理だよ。この規制をなくせば経済効果がある、なんて発想はそもそもないし。それに規制するのが自分たちの仕事でしょ。普段は民間の人たちがやって来て、それに許認可を出している。その仕事をなくせば、次の日から廃業みたいになっちゃう。規制緩和を言い出すインセンティブがないんだ。

**山口**　だから、規制を受ける側から求めていく。「安倍政権の規制緩和には具体性がない」とか批判するんじゃなくて、自分が具体的提案をする。

## 業者は意見を変える

**髙橋**　この問題が難しいのは、業者自身が規制緩和に反対することがあるの。自分が利益を得ていないときは「規制緩和、規制緩和」ってうるさいんだけど、自分がインナーサークルに入ったとたんに「規制しろ」って言うんだよな（笑）。

**山口**　それは僕もよく見てますよ。例えば金融先物を導入する際、それを売買する資格って、東証（東京証券取引所）の会員であることとか、資本金いくら以上とか、けっこう条件が厳しかった。すると、多くの日本の証券会社の社長たちは「これじゃあ、野村と大和と日興の独占になっちゃうじゃないか」と文句言ってたんです。だけど、条件を緩和して、外資なんかがどんどん資格をとると、急に態度を変える。「こんなに条件が緩いと、顧客の安全性が保てない」とか言って、規制強化を求める。

**髙橋**　金融って規制業種だから、そういうの多いよな。こっちの話を聞くと規制緩和が必要だと言う。そっちの話を聞くと規制強化が必要だと言う。両方聞いてるうちに、もうどっちがいいかわかんなくなる。

**山口**　投資信託を組成する資格もそうですよ。当初はすごく厳しくて、これも「野村と大和と日興に独占させる気か！」って騒いでた。そしたら財務省が要件をどんどん緩和してくれたんです。僕でさえ免許がとれた。個人でもとれるんですよ。自己資金3000万円ぐらいでOKだったから。

**髙橋**　ぐっちーさんは投信もやってるの？

**山口**　いや、資格を持っただけです。だけど、ハードルが下がると、いろんなやつが入ってくる。有象無象のファンドが参入すると、当然、トラブルも増えるじゃないですか。昨日まで「規制緩和しろ」と言ってた連中が、急に「規制強化すべきだ」と言い始めて、逆に条件が厳しくなった。いまは自己資金3億円ぐらいないと免許がとれない。自分が既得権益層に入ったとたんに意見を百八十度変える。これはつねに起こってますね。

**高橋**　規制業種ってそうなんだよな。規制のラインの内側にいるか外側にいるかで意見が変わる。だから、業者からの要望も、そのまま受け入れにくいんだよ。どっちかの味方をすると、「お前はあそこの紐付きか！」って怒られんの。もうどうしていいかわからない。まあ、実際に紐付きになってるやつもいるんだけどね。

**山口**　たしかに業者からの要望は、国全体の利益を考えたものにはなっていないかもしれませんね。当たり前と言えば当たり前ですが。

**高橋**　だから規制緩和に関しては、業者が何か言ってきたら、ちょっとやってみる。そういうふうに割り切るしかない。いくら考えても、どういう規制緩和がベストかわからないんで、ちょっとやってみて結果を見るということだよね。

## NHK民営化に反対した勢力

**山口**　金融業界もひどいけど、テレビ業界も典型的な規制業種なんですよね。なかなか常識が通用しない。

**高橋**　そうだよ。地上波デジタル放送になったから、アナログ放送時代に使っていた周波数が空いたじゃない。電波は国の財産だから、海外であればオークションにかけるのが普通なんだ。ところが、日本の場合、既存のテレビ局が猛反対してオークションが実現しない。結局、既存局の系列ＢＳが全部買い占めちゃったんだよ。だけど、そんなに番組作れないでしょう。スカスカの番組ばっかり流してる。

**山口**　民放のＢＳなんて超つまんないですよね。コンテンツがないんだもん。地上波の再放送と、旅番組と料理番組ばっか。要するに、金のかからないものしか流していない。チャンネルがたくさんあっても、内容がない。

**髙橋**　あとはテレビショッピング。貴重な電波を使ってやることじゃないよね。市場原理に任せて新規参入させれば、もっと面白いものも生まれると思うんだけどな。他にも余ってる周波数はあるんだけど、反対がすごいから売れない。

**山口**　国有財産なんだから、オークションにかけるべきですよね。そうしたら国の財政も潤うわけだし。

**髙橋**　独占するならするで、既存局は電波利用料を払うべきなのに、ほとんど払っていないんだよ。彼らはＮＨＫを含む１２８社で年間65億円ぐらいしか払わないの。もしオークションでやってたら、桁がひとつ違った。年間、さらに何百億円かは入っていたはず。それだけの電波利用料を負担するとなれば、潰れるテレビ局も出てくるだろうけど、周波数が空いたら、また別のテレビ局が参入して新陳代謝が起こる。それでいいんだよ。

**山口**　市場原理で動くようにすべきですよね。既存局だけを守る理由がない。彼らにとっては死活問題だから大反対するんでしょうけど。

**高橋**　だけどさ、もはやネットでも番組が流せるから既存のテレビ局の優位性は消えつつある。周波数を囲い込むのがバカバカしくなる時代が、遅かれ早かれやってくるよ。

**山口**　全然、ネットで代替できますもんねえ。

**高橋**　私ね、ＮＨＫの民営化も主張したことがあるの。教育番組のチャンネルだけ残して、あとは民営化しちゃえばいいと。歌番組もドラマもニュースも、べつに民放としてやればいいじゃねえかと。あのときは怒られたなあ。誰に怒られたと思う？　民放の連中から怒られたんだよ。

**山口**　え？　ああ、競争相手が増えるということか。

**高橋**　そうなの。強力なライバルが増えて、スポンサーの奪い合いになる。ただでさえスポンサー確保が大変なのにって。ＮＨＫに怒られるなら、まだわかるよ。だけど、民放から怒られるとは予想していなかった。

**山口**　それは面白い話だなあ。規制業種というのは、どこも既得権益が多いってことですね。規制緩和しようと思ったら、猛烈な抵抗を受ける。

**高橋**　だからテレビに出るとき、「電波オークションの話だけはしないでください」って頼まれるの。著書では批判してるけどね。

**山口**　そうかあ。僕はべつにテレビに出られなくなってもいいから、言おうかな。

## メリットが見えにくい

**髙橋**　規制緩和のメリットって薄く広くだから、なかなか国民に理解されにくいんだよ。ここに問題がある。

**山口**　ＴＰＰの話に似てますよね。消費者のメリットは薄く広くだから、実感しにくい。一方、生産者は死活問題だと思って頑強に抵抗する。

**髙橋**　国全体のことを思えば、薄く広くであっても、いまよりメリットがあるほうを選ぶべきだよね。だけど、そちらは組織化しにくい。一方、反対する側はデメリットが見えやすいから、簡単に組織化できる。

**山口**　だけどね、ちょっと考えたらわかると思うんですよ。例えば国鉄が民営化されたとき「公務員でなきゃ安全が保てない」とか言って大騒ぎしたでしょう。だけど、ＪＲになってから、何か問題が起きたのか？　安全性はそのままで、サービスが明らかに向上した。どっちがいいかは国民だってわかるはず。

**髙橋**　それはあとになって言えることだと思うな。その時点で国民は、国鉄を民営化するメリットがよく理解できていなかった。NTTだってそうじゃない。電電公社が民営化したら大変な混乱が起きるようなことを言ってたから、国民の大半は「どうしても民営化してほしい」という感じじゃなかったでしょう。

**山口** ああ、そうかあ……。国民は味方になってくれないかあ。

**髙橋** 何かを変えるって、みんなが予想してる以上に大変なんだよ。何を変えるべきかわかっても、実際に変えるのが難しい。第3章で郵政民営化に少しだけ触れたけど、あのときもひどかったんだ、郵政官僚の抵抗が。朝から晩まで、時間泥棒みたいに次から次へとやってきて、攻撃される。こっちは体がひとつじゃない。向こうはいくらでも反対要員を出せるから、組織的に抵抗できるでしょ。何かしらの使命感とか、よっぽどのエネルギーがないと、途中で嫌になっちゃう世界なんだよ。

**山口** メリットを受ける国民は、援護しに駆けつけてくれませんものねえ。味方がいないから一人で戦うしかない。なかなか大変なものがあるな。

**髙橋** あのとき郵政官僚から「あんたは何もわかってない」と怒られたけど、実情がわかってたら、情も移っちゃうじゃない。ある程度は割り切ってバサッとやるしかないんだよ。もちろん、調べに調べたうえで民営化すべきだとの結論に達したから、実行しているわけだけども。

**山口**　そりゃ、細かい話は向こうのほうが知ってて当然ですよね。

**髙橋**　郵政民営化準備室で私の上司だった人なんてね、曾祖父、祖父、父と、3代にわたって郵便局長だったの（笑）。そんな人から「郵便局で仕事をしたこともないくせに」って責められたって、かなうわけないよ。勤めたことないもん。でも、問題はそこじゃないんだよね。幸い、その人は海外の事情を知らなくて、私はそっちをよく知ってたから、海外の話で対抗したけど。

**山口**　民営化したほうが、職員の待遇も上がって得だと思うんだけどなあ。公務員という立場のまま、いまの仕事を続けたいってことなんでしょうねえ。

**髙橋**　民営化って、かなり打率の高い政策なんだよ。ほとんど失敗してない。自由に仕事できるようになって職員にやる気が生まれるのと、責任がはっきりするのと、リターンもはっきりするのが原因だと思うけどさ。でも議論の段階ではすさまじく反対される。だって、郵政省をひとつ潰しちゃったんだからね。テレコムの部分だけ総務省に残ってるけど、あとは潰しちゃった。役人としては頑強に抵抗して当然でしょう。

## 現金事故が多かった

**山口**　基本的に民営化して良かったですよね。サービスはすごく改善された。

**髙橋**　いまは銀行と同じように、順番待ちの番号札をもらうじゃない。あれひとつ導入するのに、ものすごく文句言われたの。

**山口**　「郵便物の紛失が増える」とか「遅配が増える」とか、民営化に反対する理由で出てたけど、そんなことまったく起きていない。

**髙橋**　たまに配達の人が手紙を紛失することはあるけど、そんなの民営化前からしょっちゅう起きてたことだしね。それに、いま手紙って使う？　みんなメールで済ましちゃうでしょう。仕事で使う場合は別として、個人はせいぜい年賀状ぐらいじゃない。郵便事業って衰退産業だから、あまりそっちに重心を置いて議論すべきじゃないって、当時は考えてたんだよな。

**山口**　そうすると、貯金とか保険とか金融機能の部分に注目して、そっちの民営化メリットが大きいと考えたわけですね。

**髙橋**　そっちの面では明らかにメリットがある。薄く広くだから、あまり国民に知られていないんだけどね。実は郵便局ってものすごく現金事故が多かったの。

**山口**　手紙じゃなく、お金が紛失するということですか？

**髙橋**　昔の郵便局ってレシートを出さなかったじゃない。どんなビジネスでもそうだけど、お客さんが求めているかどうかに関係なく、必ずレシートを出すでしょう。あれは、お金を管理する側の不正を防ぐのが目的なんだ。ところが、郵便局にはレシートがないから、管理がものすごくずさんだった。現金を預かったら、窓口の後ろのデスクにそのままポーンと山積みにしてたりさあ（笑）。

**山口**　えぇっ。生の現金を山積みっ！（笑）

**髙橋**　もう唖然《あぜん》とするよね。苦肉の策で考えたのが、ATMをレジ代わりに使わせようと。一定時間が過ぎるとATMに入れるというルールにすれば、機械に記録されるでしょ。それだって抵抗されたんだ。「いままでそんなことやってません」とか言って。反対する理由がわけわかんないの。

**山口**　そんな銀行では当たり前のこともやってなかったわけですね。

## 隠れ債務に愕然

**髙橋**　もう常識が通用しないの。金融機関とは呼べないレベルだった。銀行員に比べて、公務員はルーズなんだよ。貯金も保険も郵便も、部門の境目がグチャグチャになってるし。レシートを出さないだけじゃない。実は、葉書をどれだけ刷ったか、切手をどれだけ発行したか、という記録すらとってなかったの。

**山口**　あ、思い出した。モルガン・スタンレーのときに、郵便貯金や簡易保険と付き合いあるじゃないですか。年末になると、向こうの課長補佐ぐらいの人が年賀葉書を売りに来るんです。400枚とか500枚とか買ってくれと頼まれる。で、額が多いもんで「代金は振り込んどくよ」と言うのに、「絶対に現金でなきゃダメだ」と譲らない。この場で現金を渡せと。なんでそんな不自然な要求するのか不思議だったけど、彼らのポケットに入ってた可能性がありますね。発行数がわからなければ、紛失数だってわからない。やろうと思えば、いくらでもポケットに入れられるじゃないですか。

**高橋**　可能だよね。要は、経理の観念がなかったんだ。民営化するときに大変だったのがそこで、葉書も切手も発行量が不明だから、財務諸表が作れないわけ。葉書や切手って前受郵便料でしょ。購入者にとっては債権であり、郵便局にとっては債務なんだよ。それが使われてはじめて、郵便局は利益に計上できる。一般企業でも商品券や図書券を発行したら、バランスシートの負債に入れるのが常識だよね。

**山口**　まだ使われていない葉書や切手は負債と考えるのが常識だと思いますよ。バランスシートの右側に入れる。

**高橋**　ところが、そうした経理の観念がない。それ以前の問題として、どれだけ発行したかもわからない。巨額の「隠れ債務」が存在したわけだよ。仕方ないから、最後は適当な推計値を入れて書類を作るしかなかったけどさあ。いずれにせよ、レシートを出すようになってから、現金の紛失が見事になくなった。

**山口**　その点だけでも国民には大きなメリットがありましたね。役所のままそれを続けていたら、いずれ国民の税金で補填するわけだから。利益を追求しないって建前があるから、そんなルーズな管理になる。民営化して利益を追求するようになれば、おのずから銀行並みのシビアさは身につくはずです。

## ミルク補給

**髙橋**　とにかくどんな理由をつけてでも、民営化に反対するんだ。「郵政公社は税金から1円たりとももらったことがない」なんてデタラメ言ってさあ。

**山口**　かつて郵便貯金で集めたお金は大蔵省に預託され、国債金利に0・2％上乗せした預託金利が払われていた。すごく優遇されていたわけですよね。

**髙橋**　うん。だけど、その上乗せぶんを大蔵省がかぶるわけにいかないじゃない。そこで0・2％上乗せした金利で、特殊法人へ貸し出していたんだ。特殊法人としては割高な資金調達を強要されるわけで、普通なら文句を言うはずでしょう。ところが、文句を言うやつなんかいない。収支が悪くなったぶんは、補助金という名の税金で補填されるから。

**山口**　要するに、郵便貯金がもらっていた0・2％ぶんの優遇金利は、国民の税金から出ていたということですね。

**髙橋**　私はそれを「ミルク補給」と呼んでた。要は、独り立ちしていなかったんだよ。郵政公社としてはリスクがゼロで、０・２％の利ザヤが稼げる。官僚としては他人の金で天下り先を維持できる。郵便貯金→財政投融資→特殊法人って流れで、官の世界は大いに潤ったわけ。

**山口**　納税者だけが損な役回りを押し付けられた。この構造が明らかになって、批判を浴びるのも当然ですよね。

**髙橋**　長期の預託は０・２％の上乗せだったけど、短期の預託ではもっと出してたからねえ。預託される郵便貯金や簡易保険って何百兆円の規模だから、ミルク補給だけで年間１兆～２兆円はあった。ものすごい額でしょう。何が「税金は１円ももらってない」だ。ふざけるなって。

**山口**　彼ら自身、そういう構造に気付いてなかった可能性はありませんか？

**髙橋**　それはあるな（笑）。ミルク補給の構造をいくら説明しても、まったく理解できないの。とにかく怒るばかりで。強引に嘘をついてるというより、金融のことが全然わかってない印象だった。

**山口**　経理の問題もそうだけど、マーケットの感覚がないんでしょうね。

**高橋**　ここまで「金融機関といってもプロとは言えない」みたいな話をしてきたけど、郵便貯金の場合は特にそう感じるんだよね。例えば定額貯金って、人気の商品があるじゃない。預けてから半年たてば解約自由で、半年複利のやつ。あれなんかさ、預金とプット・オプション（一定の期日に一定の価格で売る権利）をくっつけたと考えればいいんだ。プット・オプションがあるから、いつでも解約できる。だけど、オプション料が利息から差し引かれると。

**山口**　いつでも解約できる権利を買うぶん、利息は低くなるわけですね。

**高橋**　オプションの価格というのは、ブラック＝ショールズ方程式というのがあって、計算で出せるの。デリバティブの世界では常識だよ。だけど、郵政省も大蔵省もこういう金融工学的な知識がないから、昔は無茶苦茶な金利をつけていた。計算に基づいて正しい金利をつけるって感覚がなかった。私が大蔵省にいたとき計算して是正したんだけど、その程度のレベルだよ。

**山口**　金融機関とは言えない感じですよね。少なくとも金融の最先端ではない。

## なぜ郵政民営化だったのか

**高橋**　私は理財局にいて、国の資金調達をする目線で見てたじゃない。こんなに割高な金利で調達するのはリスキーだと思ったわけ。それで預託を完全にやめてしまい、財投債（国債の一種）に切り替えた。郵便貯金や簡易保険のお金がその後も政府へ流れるとしても、財投債を買う形になる。一度は市場を経由するから、市場金利で調達できる。

**山口**　預託をやめるって、大蔵省としてはどうなんですか？　莫大なお金を囲い込んで差配する権限を手放すわけだから、また例によって反対があると思うんだけど。

**髙橋**　権限放棄に抵抗する人はいっぱいいたよ。だけど、このまま権限を残して郵政の泥船と一蓮托生になって大蔵省も潰れるか、郵政を切り離して大蔵省が生き残れるかの二択になるから、最終的には受け入れられた。一方、郵政関係者は問題の根幹を理解してないから、えらい盛り上がっててさあ。郵貯の会合に出たら「髙橋さんこそ、郵貯百年の悲願を達成してくれた方です」って紹介された。彼らにとって自主運用は長年の夢だったから、私がヒーロー扱いなの。それから5年もしないうちに、郵政民営化で悪の権化みたいに罵倒《ばとう》されまくるんだけどね（笑）。

**山口**　郵政公社としては、もうミルク補給は受けられない。0・2％の上乗せぶんは消えてしまったから、自分で運用して稼ぐしかない。だけど、イコールフィッティング（競争条件平等化）という観点からしたら、政府が後ろ盾になってる郵政公社と、普通の民間銀行では勝負にならない。前者のほうが圧倒的に有利ですもんね。つまり、必然的に民営化の議論にならざるをえない。郵政公社だって民間企業になって、民間銀行と同じ条件で競争しろと。

**高橋**　まさにその通り。ミルク補給をやめたことが、すべての発端なんだ。「なぜ郵政民営化する必要があったのか?」といまだに聞かれるんだけど、そこなんだよ。政府からの出資があるかぎり、業務の拡大もできないし、普通の銀行みたいな融資事業もできないし、リスク性の高い金融商品を扱うこともできない。もはや自主運用しないと稼げなくなったというのに、民業を圧迫しないよう、運用にいろんな制限がかかっていたんだ。預託が廃止されても、国債しか買えなかった。

**山口**　ゆうちょ銀行の預金残高って、民間トップの三菱ＵＦＪフィナンシャル・グループの１・５倍近くある。そんなガリバー金融機関が、政府支援を受けたまま民間銀行と同じ業務をやるなんて、ありえない話ですよね。完全に民業圧迫ですよ。

**高橋**　調達の面でも圧倒的に有利でしょ。政府保証がついていると思えば、みんな安心して貯金を預けられる。民間銀行より簡単に資金調達ができる。だから先進国では、政府が金融機関の株を保有するなんて、ありえないことなんだ。

**山口**　だけど、どうなんですかね。ここまで莫大な資金が融資に回れば、日本経済が活性化することは確実ではある。でも、そうした自主運用って、旧郵政公社の人たちにできるんですかね？　いままでそんな経験がないのに。信用審査のスキルも、債権管理のノウハウも、何も持ってない人たちですよ。

**髙橋**　スキルが身につくには10年20年かかるだろうね。だけど、やるしかないじゃない。貸し出しをやらなきゃ、潰れちゃうんだから。小泉政権の頃、「民営化さえすれば、何もかも良くなる」ってムードがあったんだ。だけど、私はバラ色路線はやめてくれって、小泉さんや竹中さんに頼んだ。民営化後に待ち受けているのは、「良くて灰色」ぐらいの未来なんだから。だけどさ、民営化しなかったら潰れちゃうんだよ。灰色ですらない。普通の金融機関になるしか選択肢はないでしょう。

## このままでは破綻する

**山口**　問題を複雑にしたのは、民主党時代の巻き返しですよね。完全民営化とは言えなくなった。

**髙橋**　小泉政権の郵政民営化法では、ゆうちょ銀行とかんぽ生命という金融2社の株式は2017年9月末までにすべて売却して、完全民営化すると決めた。「普通の金融機関」になるはずだったわけ。ところが民主党政権は株式の3分の1以上を政府が保有し続けることに変更した。改正郵政民営化法には「できる限り早期に処分する」と書いてあるんだけど、期限が設定されていない。事実上の再国有化だよ。

**山口** そうなると、業務の制限はとれないままですよね。民業を圧迫するから、貸し出しができない。これはヤバイ事態ですよ。

**高橋** 今後も国債メインで運用せざるをえない。利ザヤを出そうと思ったら、国債金利より安く資金調達するしかないよね。だけど、国債金利って最低金利でしょ。郵便貯金でそれより安い金利しかつかないとなれば、貯金はみんな逃げ出すよ。だって、郵便貯金に預けるより、個人向け国債を買ったほうがお得だもん。つまり、郵便貯金の金利も国債金利に合わせざるをえないということ。

**山口** 要するに、国債金利で借りて、国債金利で運用する。

**高橋** 利ザヤがないから、人件費などのぶんだけ赤字はかさんでいく。このまま放置すれば、十数年後に破綻するのは確実だ。

**山口** まあ、長短のミスマッチというのは、理論的にはありうるんですよ。金利の安い短期で借りて、金利の高い長期で投資すれば、長短金利の差額ぶんは稼げる計算になる。だけど、郵便貯金は10年債の金利で借りて、10年債の金利で運用してますからねえ。何も抜けない。

**高橋** 長短のスプレッドで絶対に稼げるならいいけど、逆ザヤになることだってある。確実に稼ぐのは難しいんだよね。

**山口**　国債よりは少し金利の高い地方債を買うしかないんだろうけど、地方債だって最低金利に近いから、0・2ぐらいのプレミアムしかとれない。それに地方債は発行総額が少ないから、全部を地方債で運用するのは不可能ですよね。

**髙橋**　だから、住宅ローンでも消費者ローンでも企業融資でも何でもいいけど、貸し出しをやるしかないんだ。せめて0・5ぐらいのプレミアムをとるしか利益は出ない。それをやらないかぎり、破綻は見えている。中途半端に再国有化しちゃったおかげで、それが難しくなったということね。

**山口**　今後、金利が上がったときが大変ですよね。

**髙橋**　そうだよ。定額貯金なんてまず解約されるだろうから、また高い金利で借り直さなきゃいけない。逆ザヤになっちゃう。名目成長率が上がったら、少し遅れて長期金利も必ず上がる。日本でもいつかは4％ぐらいまではいくと思うぞ。そうなったら郵便貯金はアウトだよ。

**山口**　アメリカは実際に金利が上がり始めましたもんね。日本も景気が回復すれば、いずれ金利が上がる。

**髙橋**　証券会社が日本郵政やゆうちょ銀行、かんぽ生命保険の株を「半国営で安全だし、配当利回りも高い」とか言って売るじゃない。あんなの嘘だよ。私は『日本郵政という大罪』って本のなかで、「郵政株は絶対に買っちゃいけない」と書いたんだ。

## 役人に経営は無理だ

**山口**　日本郵政の初代社長って、三井住友フィナンシャルグループの西川善文さんだったじゃないですか。ところが、民主党政権で追い出されて、元大蔵省事務次官の斎藤次郎さんや、大蔵官僚ＯＢの坂篤郎《さかあつお》さんが社長をやるようになった。

**髙橋**　あれで「民営化は終わった」と確信したよ。上層部はみんな元官僚に入れ替えちゃったしね。

**山口**　民主党はずっと天下りの廃止を主張してたんですよね。ところが、政権につくや、こういう人事をやっちゃう。

**髙橋**　そうなんだよな。「斎藤さんは大蔵省次官を辞めてから、すでに14年もたっている」とか、鳩山首相（当時）が言い訳してたけど、その間、彼は研究情報基金理事長とか、東京金融先物取引所社長とか、天下り機関の「渡り」をやってたんだよ。はっきり言うけど、元官僚に社長なんて勤まらないよ。天下り機関でトップをやっても、経営のケの字も知らないんだから。

**山口**　社員はみんな、資産運用の経験がない元公社の人たちでしょ。その上に立つ人まで元官僚となると、金融ビジネスに明るい人が誰もいない。

**髙橋**　西川さんはいろいろ批判も受けたけど、私が立派だと思ったのは、一人で乗り込まなかったこと。30人ぐらい引き連れていった。本気だったんだ。チームでないと改革なんかできない。一人で来たら、お飾りになっちゃうじゃない。そこを西川さんはわかっていた。ちゃんとした経営者だから、あの人が続けてくれれば、魅力的な会社になる可能性はあったんだ。銀行や保険から連れていった人たちを元の職場に戻すのに、相当苦労したみたいだよ。

**山口**　その後、安倍政権になってから、再び民間の経営者が郵政のトップに立つようになった。東芝の西室泰三さんとか、みずほ銀行の長門正貢《まさつぐ》さんとか。

**髙橋**　ただ、西川さんが事実上クビを切られたことで、社長になってくれる民間経営者は減ったと思うよ。あそこまでハシゴを外されちゃうとね。郵政はまだ民間の人が来てくれたけど、政策金融機関のほうはできてないもん。

**山口**　なんだか暗澹《あんたん》たる気持ちになってきますね。民営化でも規制緩和でも抵抗が強すぎて、なかなか思うようには進まないということだ。

# 第６章　「地方活性化に何が必要か」

**バラまいちゃえばいいじゃん**

――東京一極集中を是正し、地方の人口減少に歯止めをかけようという、安倍政権の「地方創生」プラン。むしろ2020年のオリンピックを控えた東京が盛り上がって、地方は置き去りにされてる感が否めません。岩手県紫波《しわ》町で官に頼らない街作り「オガールプロジェクト」を成功させたぐっちーさんは、どのようにご覧になってますか？　地方創生は本当に進んでるんでしょうか？

**山口**　いま地方はホントにひどい状況になってますよ。地方創生って言葉を使えば、どんなものでも予算がつく。岩手県なんて復興予算もあるでしょう。復興って名前でも予算がつく。地方創生と復興のバラマキで、無駄なものがいっぱい建ってる。自分の金じゃないぶん、モラルハザードになっている。

**髙橋**　いいじゃん、どんどんバラまいちゃえば。私ね、補助金とかあんまり目くじら立てないほうなの。「いいよ。欲しいんだったらあげるよ」ってスタンス。ヘリコプターマネーじゃないけど、お金が世の中に溢れてるほうが経済は良くなるんだ。なぜか日本には、お金をバラまくのが悪いことだと考える人が多いんだよな。道徳的に拒否しちゃう。もちろん、国がお金に困ってるんなら問題だけど、困ってないでしょ。財政破綻なんて嘘だってことは、ここまで見てきた通りだから。

**山口**　それって元財務官僚っぽくない発言ですね。

**高橋**　財務省時代はよく怒られた。「お前は役人としてダメだ」って。だけど、切り詰めるより、お金配るほうが好きなんだよ。よく「無駄を削れ」とか言うけど、何が無駄かなんて、よくわからないじゃない。だったら配っちゃう。バラマキに怒ってるぐっちーさんのほうが財務官僚っぽいんじゃないの？（笑）

**山口**　また、そんな（笑）。

**高橋**　いま小池百合子さんにも、「ここにお金が眠ってるから、どんどん使えば」と教えてるの。無駄に眠ってるお金は使うほうが世の中のためになるんだよ。埋蔵金なんて、いくらでも出てくる。私が財務省を激しく批判するのは、埋蔵金を国民から隠して、自分たちだけで独占しようとしてるからなんだ。財務省の連中は、国民の金をまるで自分の金のように扱ってる。横領みたいなもんだよね。だけど、埋蔵金をバラまくんであれば、国民みんなのためになるでしょう。

**山口**　まあ、お金はたっぷり配られてるんです。だけどね、「制度をこう変えたほうがいいんじゃないですか？」みたいな提言は通らないんですよ。お金はバラまいても、民間の意見は汲み上げてくれない。

**髙橋** そりゃ、そうだよ。地方創生担当大臣の顔ぶれを見たら一目瞭然じゃない。いまは山本幸三さんで、その前が石破茂さんでしょう。山本さんは安倍さんがボトムに沈んでいた時期に勉強会をやってたぐらいで親しい間柄だけど、派閥が違うんだよ。石破さんはライバルじゃない。そういう人たちに点数をあげるはずないじゃん。金をバラまく権限はあっても、具体的には何もできないポストなんだ。安倍さんはやらせるつもりがないし、大臣もやるつもりがない。安倍政権はマクロ経済政策では比較的まともなことやってると思うけど、地方分権とかまったく不十分だよ。

**山口** でも、石破さんなんかは、けっこう熱心な感じに見えたんだけどなあ。

**髙橋** それはだまされてるだけ。石破さんにやる気はなかったはずだよ。

**山口** だけどね、「地方がどれだけ無駄なものを作って、どうしてそれが失敗したのか調べてください」と言ったら、ちゃんと各都道府県から報告させてくれたんですよ。ただ、唖然としたのは、失敗したというレポートがゼロだった(笑)。どこの自治体も「成功しました。なので反省点はありません」で終わっちゃった。

**髙橋** 関係者に聞くからだよ。連中は絶対に失敗だと認めない。

**飲み食いがいちばんいい**

**山口**　べつにバラマキで地方が良くなるんならいいんですよ。でも、逆効果になっちゃってる。例えば秋田県は240億円もかけて立派な美術館を造って、毎年、大赤字を垂れ流し、税金で補塡してるわけです。変な建物を造っちゃうと、維持管理費は未来永劫、地元が背負わなきゃいけない。

**髙橋**　だからね、建てなきゃいいんだよ。お金そのものを配ればいいんだ。

**山口**　僕もそう言ってます。施設って建設費は3分の1で、残りはすべて維持管理費。建てる以上にお金がかかる。だから、地方の豪華なハコモノを、僕は「墓標」って呼んでる。これ以上、墓標を増やさないでほしい。

**髙橋**　変なハコモノを建てるからいけないんだ。そのお金で派手に飲み食いすりゃ、あと腐れがないんだよ。飲み食いなら何回でもできるし。

**山口**　そうですよね。何百億円って規模の建物だと、地元の工務店では建てられない。スーパーゼネコンが仕切るしかない。そうすると、地元の建設会社は孫請けぐらいになっちゃって、いくら巨額の予算があっても、地元にはほとんど落ちないんです。一方、飲み食いなら、100%地元に落ちる。

**髙橋**　でね、予算をもらうときに「飲み食いに使います」なんて言ったら通らないから、

「無形資産を作ります」って言えばいい。一瞬、何だかわかんないでしょう。そこがポイントなの。研究開発が無形資産の典型なんだけど、知識に投資する。そういう建前にすれば、飲み食いに予算がおりる。

**山口** 僕も東日本大震災のとき、救援物資を送りたいと申し出てくれた人に、よく言ったんですよ。「そんなことより、岩手県に来てキャバクラで飲んでくれ」と。「君たちがキャバクラでお金を使ってくれたら、それがもっとも有効な支援になるんだ」って。飲み食いなら、地元経済は確実に活性化しますからね。

**髙橋** キャバクラだと予算がおりないから、無形資産って言い換えたら？　研究開発って山ほどある。どうやって知識を深めるかは人それぞれでしょう。キャバクラに行くと知識が増えちゃう人もいるかもしれない。急に頭が冴えちゃったりしてね。アハハハハ。社会経験を深めるって表現にしてもいいけどさ。

**山口** 無形資産って使い勝手がいいなあ（笑）。

**髙橋** そうなんだよ。あとね、研究開発って、１００に３つぐらい成功すればいい世界なんだよね。成果が出なかったら怒られる予算ではないんだ。キャバクラに行って、万が一、知識が増えなかったとしても、責任は問われない（笑）。

**山口** 変なハコモノを造るより、はるかにいいですよね。

### 復興庁は要らない

**高橋**　東日本大震災で復興特別税って作ったじゃない。あれもおかしな話なんだよな。

**山口**　地震でダメージ受けてるのに、さらに増税でダメージになる。なんであああいう発想になるのか、まったく理解できない。

**高橋**　ダブルで打撃を与えちゃうよねえ。例えば「100年に1回の自然災害」なら、100年債を発行して平準化すればいい話なんだ。復興特別税なんか作る必要ないんだよ。100年債を発行して、それを無形資産に使う。衣食住でも人件費でもいいから、被災地にお金を回す。これが正解だったと思うな。

**山口**　お祭りでも何でもいいけど、パーッと使ったほうが、間違いなく経済効果はありますよね。やっぱり地元にお金が落ちないのが最大の問題だと思う。要するに、バラマキの中身ですよ。

**高橋**　復興庁って国レベルの役所を作ったじゃない。復興庁なんて必要ないよ。あんな非常事態でも、官僚はポストを増やしたがるんだよな。

**山口**　あれも民主党政権のときですよね。

**高橋**　当時、民主党に言ったんだけど、全然聞いてもらえなかった。道州制特区法（道州制特別区域における広域行政の推進に関する法律）というのがあるから、いまの法律でも対応できるの。三つの県が集まると、中央官庁の権限を委任できる。東日本大震災のケースなら、岩手と宮城と福島の3県で組んで、権限を委任すればよかったんだ。

**山口** 国が仕切る必要なんかないですよね。

**高橋** 国はいっさい関わらず、お金だけ渡せばいいんだ。それで、地元の人たちは懸命に無形資産を作ると（笑）。人件費や飲み食いだけに消えちゃってもいいんだ。それで地元経済が活性化するんだから。

**山口** どうしても施設を造りたがるんですよね。地元の人は「堤防なんて要らない」って言ってるんですよ。

**高橋** あんなの無駄だよ。スーパー堤防とか要らないよな、はっきり言って。

**山口** 300年に1回という津波のために造ってどうするんだ。

**高橋** 都会の人口密集地に関しては、ある程度はあったほうがいいと思うよ。だけど、田舎のほとんど人が住んでないところに造る意味はないよ。

## 税金を配るのが仕事

**山口** 地方創生とか復興とかいっても、要は補助金が目当てなんですよね。本気で地方を変えていこうって気分は全然ない。

**高橋**　昔から補助金を目当てにする人は山ほどいるの。私、竹中総務相の下で地方分権に取り組んだことがあるから、よく知ってる。旧自治省って、補助金を配るのが仕事でしょう。毎年12月になると地方からすっごく人が集まってくる。

**山口**　陳情団の方々ですね。

**高橋**　集団で来るから、新幹線代とか飛行機代とか、すさまじいんじゃないの。もう入れ替わり立ち替わりだよ。名刺を交換して、陳情書を手渡してって。分ごとに誰か来る感じで、こっちは一日中、立ってなきゃなんないんだよな。それが嫌でさ。山ほど陳情書をもらっても、正直、真面目に見てないよ。

**山口**　いまだに中央集権なんですよね。

**高橋**　配るのが仕事って省庁が多いんだ。総務省は配るだけでしょう。国交省も多いし、農水省も多い。国交省なんてさ、べつに東京に官舎をかまえなくたって、地方整備局でだいたい仕事できるんだよ。配分する権限を手放したくないだけだ。

**山口**　もっと金と権限を地方に回せばいいと思いますけどねえ。

**高橋**　地方に委譲すればいいよ。アバウトに言うと、経済活動の4割ぐらいは中央、6割ぐらいは地方でやってるの。地方のほうが生活に密着した仕事が多いから、そっちの経済活動のほうが大きいわけね。ところが、税金に関しては、国税が6割、地方税が4割と、真逆になってる。いまの税制のままだと、差額の2割ぶんは、どうしても中央から地方へ配分する形になっちゃうわけ。

**山口** なら、最初から地方で税金を集めろって話ですよね。効率を考えたら、そっちのほうがよっぽどいい。

**髙橋** そうよ。地産地消じゃないけど、地方税で集めりゃいいと思うよ。仕事に応じて税金をとれば、陳情とか分配とか、無意味なことをやらなくて済むんだから。「箇所付け」って言葉があるでしょ。陳情に対して、どれぐらいの予算をつけるか国が決める。だけどさ、どこに道路を通すとか、どこに橋をかけるかといった実務は、地方の役人がやってるんだ。だったら、最初から金と権限を地方に委譲してもいいじゃねえか。

**山口** まあ、政治家なんかはそこに便乗してるから、いまのやり方を変えたがらない。「国から予算をぶん捕って、この橋をかけてやったのは俺だ!」みたいに、地元に恩を売ることができますもんね。

**髙橋** 配るだけが仕事の官僚も、仕事がなくなっちゃうから反対する。自分が裁量権を握ってると、地方からお土産持ってやってきて、みんなヘコヘコ頭を下げるじゃない。あれが快感だって官僚はけっこう多いんだ。私は陳情団が嫌いでしょうがなかったんだけど、むしろ喜んでるやつもいた。

## 地方交付税なんて要らない

**山口**　国税で集めて補助金で配る形だと、地方はモラルハザードになっちゃうんですよね。自分の金じゃないと思うから、豪華なハコモノを平気で造っちゃう。そこにどれだけの金額が投入されてるかなんて、地元の人は興味もありませんよ。建てたあとで維持費に苦しむのは、自業自得の面もある。

**髙橋**　そりゃ、「俺の金じゃねえ」と思ってたら、関心持たなくて当然だよ。だから仕事に応じて税金をとればいいのよ。仕事の量と税金の量をマッチさせればいいだけの話だ。地方税でハコモノ造るようになると、けっこう文句言う住民が出てくるはずだよ。「俺たちの税金を無駄に使うな！」とか言って。そっちのほうがいいよね。無駄かどうかは当人が決めればいいんだ。

**山口**　自分の金だと思ったら真剣になりますよね。

**髙橋**　特にいいのは、首長さんの態度が変わることだな。これまでは毎年12月に霞が関へ来て、コメツキバッタのように役人に頭を下げるだけで済んだ。おべんちゃら言うだけでしょ。役人も事務的にこなすから、どこに補助金出したかなんて覚えちゃいない。ところが、地方税でやることになったら、どうしてその建物が必要か、住民に説明しなきゃなんない。首長さんにとって、この仕組みはキツイぞ。真剣になるよ。

**山口** いまの地方の財政って、地方交付金ありきの予算になっちゃってるじゃないですか。あれはおかしいと思う。

**髙橋** 地方交付税なんて制度は、日本にしかないんだよね。世界のどこにもない。普通はそんな無駄なことやらないよ。いったん吸い上げて、また戻すなんて、どう考えても無駄じゃん。だけど、総務省が存在するかぎり地方交付税はなくならない。

**山口** 僕は岩手県の紫波町でオガールプロジェクトというのをやってるんです。公共施設ではあるんだけど、官のお金にはいっさい頼らなかった。民間で投資して、ちゃんと儲けを出して、納税までやってる。5年かかったけど、官に頼らなくてもできるんですよ。補助金なんか要らないというのは発見だった。

**髙橋** 実は「地方交付税なんか要らない」と言った政治家は、橋下徹さんだけなの。私がアイデアを出したんだけど、地方交付税は要らないから消費税をくれと。消費税のうち地方に流れるのは20％ぐらいしかないんだ。80％は国に行っちゃう。だから、こっちをくれと。地方で消費税を徴収するんだから、その税率は各自治体の首長さんが決める。

**山口** アメリカみたいに、地方ごとに消費税（売上税、使用税）率が違う世界だ。

**髙橋**　そういうこと。首長さんにとってはキツイよね。これまでは国に便乗して消費税をもらうことができた。これからは自分で税率を決めるから、場合によったら選挙で負けるかもしれない。「そういう制度なんですけど、どうですか？」と聞いたら、橋下さんは「やる」って。その後、公約に掲げてるよ。

**山口**　けっこう大胆な決断ですねえ。

**髙橋**　消費税も、さっきの構造と同じなのよ。国税として吸い上げて、地方交付金で配分する。「それじゃあ、みんな東京のほうばかり向いちゃう。自前でやりたい」と橋下さんは言ってる。

## 政治家になるしかない

**山口**　いずれにせよ、いまの仕組みは行き詰まってますよ。どっかで仕組みを変えてもらわないと、このままでは……。

**髙橋**　だったら、ぐっちーさんが政治家になるの。

**山口**　えっ？

**髙橋**　口で言ってるだけじゃ、何も変わらない。自分が政治家になるか、他人を焚《た》き付けるかしかない。私は自分でやりたくないから、政治家を焚き付けてるんだよ。橋下さん以外、こんなのやる政治家いないと思うから。

**山口**　だったら、僕も橋下さんを応援しようかな。

**高橋**　いやいや、ぐっちーさんが政治家になってよ（笑）。私は仕組みを考えるの大好きだから、どうやれば問題が解決するか、すでに知ってる。あとは実行だけなの。とはいえ、私に政治ができるとは思えないから、誰かがやってくれないといけない。

**山口**　いや、僕はビジネスのほうで変えていきたいんです。

**高橋**　岩手のプロジェクトが成功したのって、ぐっちーさん個人の才覚もあると思うんだ。誰でもぐっちーさんになれるかというと、なれないでしょ。だから、仕組みで補ってあげる。政治にも役割を分担させて、誰でも同じように成功できる仕組みを作る。私はそういうふうに発想していくんだ。

**山口**　ああ、政治に分担させてね。それは同感です。

**高橋**　さっきの地方税化だって、国会で多数派をとって法律を変えないかぎり実現しないでしょ。国会で多数派を形成するなんて、私にはできないんだよ。誰かパワーのある政治家にやってもらわないと、現実はひっくり返らない。

**山口**　まあ、郵政民営化の話を伺っても、いかに抵抗が強いか想像できますけどね。現状を変えるのはものすごくパワーが必要なんだと。

高橋　強固なシステムがあって、そこで利益を得てる人がいるわけでしょう。彼らをペションペションに潰さないかぎり、システムは変えられない。結局は政治なんだ。殺すか殺されるか、みたいな世界なの。地方税化するって口で言うのは簡単だし、どうすべきかもわかってるんだけど、政治闘争しないと変わらない。

## 政治家を育てる

山口　もし地方税化が実現したら、いままで国税として吸い上げて配ってた人たちは失業する。そりゃ、激しく抵抗しますよね。だけど、制度を変えるメリットに気付いてくれない有権者にも罪がありますよねえ。郵政民営化の話もそうだったけど、薄く広くのメリットを受ける人たちが、ちっとも味方になってくれない。それだと、改革者は孤立無援で戦わざるをえない。

高橋　私も有権者と話すの、もう嫌になっちゃって。善意でやってるのに悪者にされるからさあ。だから志ある政治家を探して、実行してもらうことにした。コストパフォーマンスはそれがいちばんいいんだよ。政治家を育てるじゃないけど、何か相談されたら「こういう仕組みにすれば解決しますよ」って丁寧に教えてあげるの。だけどね、問題の根幹を理解してくれる政治家が少なくてさあ。人が足りないんだ。だから、ぐっちーさんみたいにちゃんとした主張を持ってる人に会うと、「政治家になって」と頼んでる。

**山口**　いやいや、僕は政治家向きじゃありませんよ。

**髙橋**　だったら、岩手県知事になるってのはどう？　岩手県知事になって「地方交付金は要らない」と宣言したら、すごいよ。そんなの橋下さんだけだよ。東京都とか愛知県とか、地方交付税をもらってない団体は少しあるけど、大半がもらってる。そのなかでも恒常的にもらわないと成立しないのが岩手県で……。

**山口**　岩手県はまさにそうですね。

**髙橋**　その岩手県が地方交付税を否定したらすごいよ。だから、岩手県知事選に出るってことでいいじゃない（笑）。

**山口**　先生は「政治家を使う」ってタイプなんでしょうけど、僕は自分のお金を投資して、ビジネスを通して地方を元気にさせたいんです。

## 趣味で政治をやる

**髙橋**　ぐっちーさんは、お金をいっぱい持ってるでしょう。選挙資金の悩みがないじゃん。自己資金で選挙に出られるなんて、普通の政治家はうらやましがるよ。政治献金が要らなければ、クリーンな政治ができる。トランプだって自己資金で立候補できるから、自分の信念を貫けるわけじゃない。

**山口**　まあ、いますよね。実業界から政治に行く人。

**髙橋**　タリーズコーヒージャパンを作った松田公太さんとかね。ＪＰモルガンにいた中西健治さんとか。しこたま稼いでるから、自己資金でできるんだよ。松田さんなんて、６年だけ参議院議員やって、辞めちゃったけどね。

**山口**　よくあいつが政治家になったなあと思いましたよ。

**髙橋**　ガツガツ働いて、会社が上場したら、お金もドカンと入る。もうやることなくなっちゃうんだと思うよ。違うビジネスをゼロから始めるのもつまんないとか。だから、歳とったら趣味で政治をやる手もある。どうですか？　もうちょっと歳とったら、和製トランプになっちゃいなよ。

**山口**　僕の場合は選挙に出た瞬間にスキャンダルが噴出して終わりですよ。

**髙橋**　多くの人はそうなんだよな。プライバシーがなくなるからね。あれはひどいよ。本人だけじゃなく、家族のプライバシーまでなくなっちゃうの。あんな仕事、どうして好きでやるのかなと思うよ。選挙活動だって恥ずかしいよね。私は恥ずかしくて、とてもじゃないけど無理だな。

**山口**　そんな仕事を、よく僕に薦めますよね！（笑）

**高橋**　ワタミの渡邉（美樹）さんなんか、「ここまで言うか」ってぐらいの叩かれようだもんね。政治家にさえならなかったら、こんな展開になってないはず。

**山口**　いまやブラック企業の代表みたいに言われてますもんね。

**高橋**　デフレのときって企業の売上が減るでしょ。売上が減ってるのに利益を上げ続けるのは、経営としては立派なんだよ。もちろん、コストカットする必要があるから批判されるわけだけど、経営者としてはすごいよ。自民党から出たのがマズかったかな。無所属で政治家になってたら、あそこまで叩かれることはなかった。

**山口**　気の毒ですよね。政治家になんなきゃよかったのに、と思う。だから、僕はお金を出すほうを選びますよ。

**高橋**　そうだな。じゃあ、政治資金を出して、政治家を動かしたら？　ファンドの人なんか、政治資金を何十億円って出すんだ。そこまで出せば、政治家は言いなりだよ。普通は1億円2億円ってオーダーだからね。

## 制度か裁量か

**山口**　前章で規制緩和の話をやりましたけど、具体的にこうしてくれって要望は、地方でやってるといくらでもある。例えば、オガール紫波は公共施設なんだけど、「補助金は要らない。民間のお金と知恵だけでなんとかするぞ」って、成功させたわけです。ところが、公共施設なのに、固定資産税は民間と同じだけ払わせるんですよ。

**髙橋**　国や地方公共団体が持ってる資産に関しては、固定資産税が非課税だったり減免されたりっていうのが普通だよね。

**山口**　そうでしょ。補助金なしに公共施設を運営してるんだから、固定資産税ぐらい優遇してくれって。それでよく地方活性化なんて叫んでるなと思う。このへんを規制緩和してくれたら、参入する事業家はいっぱいいますよ。

**髙橋**　税制は変えたほうがいいよね。ぐっちーさんがフェアだなと思うのは、税制を変えてくれって言うでしょう。税制って裁量の余地がないから、非常にクリアなんだよ。どういう要件を満たせばいいか、誰が見ても一目瞭然な制度じゃない。だけどね、役人はそういう手法を嫌うの。仕事がなくなるから。

**山口**　裁量権があったほうが自分の権力になるわけですね。

**髙橋**　だから役人は補助金でやりたがる。補助金なんて、完全に裁量じゃない。俺の決裁でお金が流れている、というほうを好むんだ。

**山口**　僕みたいに「補助金は要らないけど、税制を変えてくれ」というのは、彼らの権限を剝奪する行為だってことですね。

**髙橋**　国税で集めて再配分するのと、まったく同じ構図だよね。裁量の部分が大きいほど、役人の権力は増す。「ふるさと納税」って制度は地方に寄付したぶん、税金から控除される。お上に配分を任せるんじゃなく、納税者が自ら配分するほうがベターだろうって考え方ね。当然、激怒した役人がいっぱいいた。「国税で入っていたら、俺が配れたのに！」って。

**山口**　なるほど。そういう反対があるって、初めて知りました。要するに「俺たちを中抜きするのか！」ってことですよね。

**髙橋**　正直、中抜きすべきだと私は考えてるから、その制度を作ったんだけどさあ。固定資産税なんて、もう地方で決めりゃいいと思うよ。補助金より、税制で恩典を与えるほうがフェアだ。

**山口**　地方でも決められることは、地方に任せてほしいですよ。それだけやってくれればいい。地方創生とか地方活性化なんてお題目を唱えなくても、儲けられる環境さえ整えば、企業家は勝手に集まってきます。

**髙橋**　実はね、制度か裁量かって問題、経団連はけっこう上手にクリアしてるの。彼らが欲しいのは租税特別措置でしょう。税制だから制度ではあるんだけど、役人の裁量も残している。特別って呼ぶからには、どの企業を特別とするのか選ぶ人がいるわけだからね。

裁量だよ。実質的には、個々の企業に対する補助金みたいなものなんだ。

**山口**　役人の顔を立てたうえで、裁量の幅を削ってるということか。

**髙橋**　ああいうのも政治献金で実現できるよ。経団連を通じて政治献金するわけだけど、企業からの献金の額と、租税特別措置で恩恵を受けた金額って、きわめてリンクしてる。「日本の先端企業をサポートしてる」って大義名分があるから、誰も文句を言わないしね。個別の話はドロドロなんで、私は首を突っ込みたくないけど、政治献金で規制緩和を勝ち取る方法もアリだわな。

## 消滅するのは自治体だ

**山口**　ひどいなと思うのは、出生率が上がった自治体には地方交付金を増やす、なんて話が出てきたでしょう。

**髙橋**　中央から地方へのお金の流れを規定してるのが人口なの。人口に応じてお金が配られるわけね。

**山口**　それで地方の人口を増やせって話になっちゃう。地方創生だって「地方の人口減少に歯止めをかける」って明言してる。だけど、地方経済が停滞している理由を人口減少に求めるのはやめろと言いたい。原因はそこじゃない。人口が減少したって、頭を使えば、いくらでも経済は活性化するんですよ。

**高橋**　そうだよ。人口なんて、減っても誰も困らない。気にしてるのは地方の役場のやつだけだよ。よく「地方消滅」なんて言葉が使われるけど、消滅するのは地方自治体なんだよ。自治体が消滅したって困らないよ。隣の自治体と合併すればいいだけの話じゃん。困るのはポストが減る役所のやつだけだよ。

**山口**　地方自体は消滅しませんよね。人が少なくなって農地が余れば、大規模農業が可能になるかもしれない。人口減少がメリットになる可能性もある。まあ、問題だってあるんでしょうけど。

**高橋**　私はね、そんなのまったく気にしていない。住居移転の自由があるんだから、どこに住んだって文句言われる筋合いないよ。アメリカの田舎って、日本とは比べようもないほど過疎だよ。だけど、そういう環境が好きな人は、それを選ぶ。そういう環境じゃ困る人は都会に出ていく。それだけの話じゃん。私なんかは先祖からず～っと東京なんだよ。

**山口**　調べたことあるんですけど、12％ぐらいしかいない。3代続く東京人って少ないけど……。

**高橋**　そういう土着の東京人からすれば、みんなが集まってきて迷惑だよ（笑）。昔は道路も混んでなかったし、ゴミゴミしてなかった。土地だって値上がりしちゃって、こっちにはなんの恩恵もないしさあ。だけどね、来るんだったら来ればいい。住居移転の自由があるんだから、どこに住もうが勝手だよ。どこに住むかに役人が口をはさむなんて、とんでもない話だと思うよ。

**山口**　たしかにアメリカの過疎はもっとすごいですね。過疎になること自体が悪だ、って発想が日本人には強すぎる気がしますね。

**高橋**　過疎で困るんだったら、集まって住めばいいじゃねえかって話でしょ。

**山口**　そこらへんの感覚が、ちょっとズレてる。青森で講演したとき、人口流出で困ってるという商店主がいて。その場所で商売を続けるためには、補助金がないと絶対にやっていけないって言うんです。ちょっと待てと。お客さんがいないなら、なんでそこで店を続ける必要があるんだ（笑）。前提がおかしいんじゃないかと指摘したら、完全にキレちゃって。もう対話にならなくなった。

**高橋**　私はあまりそういう人と接点ないけど、そんな感じなんだろうね。

**山口**　共産主義国家じゃないんだから、どこまで国に頼るつもりなのか。商売を成立させるだけの人がいないんだったら、さっさと店を閉じて、別の場所に移るのが資本主義でしょう。他人のお金を使ってまで無理を続けていることに疑問を持たないんです。どうしてそういう感覚でいられるのか、まったく理解できませんよね。だけど、地方だとそういう反応の人が多いんですよ。

## 粉飾決算は日常的に

**髙橋**　前提条件からして嚙み合わない人は多いよな。中央の役人も問題あるけど、地方の役人も相当なもんだぞ、あれ。

**山口**　地方の役人って、平気で粉飾決算やってますよ。朝日新聞がスクープしたんだけど、地方自治体って第三セクターとか土地開発公社とかにお金を貸すけど、回収できないケースがあるじゃないですか。そういうときは決算末だけ会計操作をやってる。例えば「オーバーナイト（一夜貸し）」という手法で、金融機関からお金を借りさせて、一時的に自治体へ返済させる。赤字を隠して決算期を乗り切ったあと、また自治体が貸し出すわけです。あとは「単コロ（単年度転がし）」という手法で、翌年度の予算で穴埋めして、赤字が露呈しないようにする。こういった操作を毎年繰り返せば、半永久的に赤字がバレない。

**髙橋**　地方自治体の数字ってね、財務省もあまり見たことないと思うよ。総務省は知ってるのかもしれないけど。

**山口**　総務省がアンケートとったんですけど、そんなことやってる自治体がなんと85もあった。まさに夕張市がやってたような粉飾決算じゃないですか。ビックリすると同時に、よくアンケートに回答したなと。だって、自分で粉飾決算を認めるようなもんでしょう。罪の意識すらないんだろうなあ。

**髙橋**　きっとそれが問題だと自覚してないんだよ。

**山口**　そのアンケートには「なんでそんなことをやるんだ」という質問があるんだけど、「そうしなければ自治体が潰れちゃう」と。つまり、本当の数字を出したら潰れてしまうと当事者たちが言ってるわけですよ。もう粉飾決算もやむを得ないのだ、という勝手な論理がまかり通っている。

**髙橋**　やっぱり一般企業のような会計の感覚がないんだと思うよ。私、総務省にいたとき、地方自治体にも財務諸表を作らせたの。やっぱり企業会計ベースで財務をチェックしないとヤバイと思って。

**山口**　国でもバランスシートを作るようになったんだから、地方でもやれと。

**髙橋**　ところがさ、バランスシートが理解できないわけ。自治体の発行する縁故地方債が負債の部じゃなくって、資産の部に入ってたりさあ。提出されたバランスシートがなんか変なのに気付いて、問い合わせたら、一部の会計しか算入してなかったりとかね。そうじゃないんだよ。特別会計も何も、すべてを参入するのがバランスシートなんだよ。そこから説明しなきゃいけないレベルだった。

山口　やっぱり財務諸表って観念が存在しないんだなあ。

髙橋　地方自治体って全国に2000ぐらいあったから大変だった。みんなすっげえ文句言うわけよ。「そんなもの要らない」とか「財務諸表なんて作れません」とか、抵抗する理由が意味わかんないの。仕方ないから、こっちが公認会計士を紹介して、手伝ってもらったりしたんだけどさあ。

山口　でも、どうして会計操作が可能なんだろうなあ。財務諸表を作ったとして、監査する制度ってないんですか？

髙橋　ないんだよ。企業だったら公認会計士の監査権ってあるでしょう。国だって会計検査院がある。だけど、地方自治体にはチェック制度がないの。抵抗されて、そこまでは導入できなかった。

山口　だったら、粉飾決算もやりたい放題じゃないですか。じゃあ、財務諸表を作って、最後はどうするんですか？

髙橋　どうする？　作ったままだよ。建前上は議会がチェックしたことになってるけど、そんなもん誰も見てないよね。東京都なんかは大きいから、しっかりやってるほうなんだ。だけど、地方に行けば行くほど意識が低い。やりたい放題だと思うよ。

山口　今回のアンケートも氷山の一角かもしれませんね。

**高橋**　だから、せめて恥ずかしい思いだけはさせてやろうと思ったんだ。財務がオープンになれば、世論の批判を浴びるじゃない。もちろん、マスコミがちゃんとチェックしてくれればの話だけど。

**山口**　監査制度までは実現できなかったけど、情報公開まではやったと。

**高橋**　それをやるだけでも、ものすごく大変だったんだ。ディスクロージャー自体に抵抗されたんだから。総務省には1年ぐらいしかいなかったけど、その仕事ばっかりやってた記憶があるな。もう1年がかりの仕事だ。

## 自治体に破産はあるべき

**山口**　地方自治体には破産ってないじゃないですか。財務的にとんでもない事態になってるのに危機感ゼロなのは、そこにも問題があるんじゃないかな。

**高橋**　破産って制度がないんだよね。あるレベル以上の状態になったときに、総務省からちょっと怒られるぐらいだよ。実質的に破綻していたとしても、親会社である国が面倒を見てくれる。民間でもそういうのあるでしょう。親会社の100パーセント保証がついていて、絶対に潰れないような子会社。あれに似てるんだよ。

**山口**　絶対に潰れないってのが良くないですね。潰れるべきときに潰れたら、意識がすごく変わると思うんだけどなあ。

**高橋**　破産って概念を持ち込むほうが、まともになるよね。いまは破綻してるところへ追い貸ししてるようなもんだから。

**山口**　その制度を作るべきだと言うと、また「政治家になれ」とか言われそうだから、その先は言いませんが……。なんかしゃべりにくいなあ、もう（笑）。

**高橋**　立候補してよお（笑）。これは条例ではできないから、知事じゃ無理なんだよ。国政の政治家に立ってよ。

**山口**　もうこの話題は打ち止めで。

**高橋**　アハハハハ。真面目な話をすると、私ね、総務省にいたときに破綻制度を作ろうとしたんだ。答申に書いて、法律案も用意した。民間企業と同じように団体整理の書類を書いて、総務大臣が審査すればいい話で、特に難しくないんだよ。だけど、寄ってたかって潰されちゃった。自民党が法案を担がなかった。地方債の金利を自由化した話はした（第3章）けど、あれと同時に進めていた案件なのね。向こうが実現したから、こっちでは折れた。

**山口**　本当に何を変えるのも抵抗がすごいんですねえ。

**高橋**　「破綻制度を作って、きっちり監査なんかしたら、本当のことがわかるだろう」ってのが、大半の反対意見だった。要するに、本当のことがわかったらマズイ人がたくさんいるわけだよ。

**山口**　本当のことを公表しないから、どんどん深みにはまっていく。実質的に破綻してる自治体っていっぱいありますよ。

**髙橋**　破綻の認定って簡単だからね。債務超過で、利払いをリスケ（返済条件を変更）してとか、銀行が見たら破綻と認定する自治体はきっとあるよ。ちなみにね、夕張市だけは破綻って報道されるけど、破綻させたの私だから。

**山口**　えっ、そうだったんですか？

**髙橋**　厳密には財政再建団体というやつで、破綻ではないんだけど、新聞は「破綻」って書くよね。要は、「自治体に破綻はないから、地方財政再建促進特別措置法を適用しない」とか言って揉めてたんだよ。それを「実質的には破綻だろう」と押し切っちゃったわけ。破綻じゃないと言い張ったところで、何も改善しないでしょ。それなら破綻って宣言するほうが、みんな真剣になるじゃない。どこが問題かもクリアになるし。

**山口**　まったくそう思います。そのほうが建設的だ。

**髙橋**　その後、夕張市は必死にやってるし、東京都から支援が行ったりしてる。真面目にやるようになったことは事実なんだ。自治体を破綻させるって、ショック療法としては有効だと思うんだけどな。これに関してはものすごく叩かれたんだけど、そもそも夕張市の財政を悪くしたのは私じゃないんだよ。

**在宅勤務がキーになる**

**山口**　地方から人口が流出すると言うけど、テクノロジーで解決できる部分だってありますよね。自然が豊かな田舎に住みたいって人も多いんだから。

**高橋**　長野県坂城《さかき》町の山村弘町長は私の高校の先輩で、彼から聞いた話なんだけど、新幹線通勤に定期代の補助を出すようにしたら、けっこう東京から通う人が増えたんだって。東京に家があっても、全然、長野まで通勤できるわけね。逆に言えば、長野に住んで、東京に通うのだって可能なわけでしょう。

**山口**　長野からなら、問題なく通えますよ。

**高橋**　行政がそれをサポートすべきだよね。新幹線代は経費に算入させてあげるとか。2世帯住宅のリフォームに補助を出すとかね。そしたら東京に出ていた人間が帰ってきて、親と一緒に田舎に住もうかと考える。田舎には都会にない魅力があるもん。新幹線があれば通勤できるよ。

**山口**　先生の世代は新幹線がお好きですよね。

**高橋**　新幹線、大好きなんだ。北陸新幹線だってさ、京都まで新幹線で通えるようになれば、小浜《おばま》市なんか人口が増えるよ。20分ぐらいで京都に通勤できちゃうじゃない。すごいよ、それ。だから、新幹線で通いやすくなるような制度を充実させていけばいい。

**山口**　僕が重要だと思うのは勤務形態なんです。もっと在宅勤務が認められたら、自然と地方へ散っていきますよ。毎日来なくていい。週に1回だけ会社に顔を出せばいい。そうなったら、東京の人込みが嫌いな人は大喜びすると思う。

**高橋**　私、官僚やってたときも、役所が好きじゃないから、あんまり行きたくなかったんだよな。くっだらねえ仕事ばっかりやらされてさあ。ホント行くの嫌だった。「早く役所以外の場所で仕事できるようにならないかなあ」と願ってたから、ついにそんな時代になったかと。いまは外の仕事が多いから、精神的に楽だよ。

**山口**　僕も通勤しなくなって、「こんなに楽だったのか」と驚いた。

**高橋**　楽だよねえ。この楽さをサラリーマンが知ったら、きっと病みつきになるよ。私は政策工房って会社やってるけど、ほとんど社員に会わないもん。月に1回ぐらい、取引先を接待しながら飯食うぐらいだよ。「ひと月ぶりですね」とか言って。いまはネットと電話があれば、仕事なんかできちゃうんだよ。電話すら必要ないか。昔は電話番を雇っていたけど、もうやめちゃったからね。

**山口**　メールがあれば十分ですよね。だから在宅勤務やサテライトオフィスがキーになる。こういうのこそ成長戦略だと思うんですよ。日本人にとって、どういう働き方や暮らし方が幸せなのか。それを実現するには何が必要なのか。行政がサポートできるとしたら、どんな制度なのか。そこを真剣に考えていけば、地方も活性化しますよ。

## どう働くのが幸せか

**高橋**　おっしゃる通りだよな。「どう働くのが自分にとって幸せなのか」と、それぞれの人が考えるべきだと思うよ。

**山口**　労働形態の変化って、地方にとっては人口問題どころではないインパクトがあるんですよ。カルビーのＣＥＯの松本晃さんなんて、「会社になんて来なくていいし、どこで仕事をしても問題ない」という方針を5年前くらいから掲げて実行している。そのカルビーは増収増益ですよ。

**高橋**　そういうのいいよね。好きなときに会社に来ればいい。週1回でもいいし。とにかく、通勤で消耗させられる状況は、日本人にとっていいことではないよ。

**山口**　誰があのふざけた満員電車に乗って通勤しようと思います？　あれは高度成長期の定時出社、会議の連続、残業という労働形態だからこそ、生まれた習慣でしょう。東京に通える限度いっぱいの千葉や埼玉に、まったく価値もない家を35年の住宅ローンで買う。すると、ローンを返すために満員電車を辛抱する生活になる訳です。

**髙橋**　週1回の通勤でいいなら、長野県からだって、ラクラク通えるよな。地方の人口だって増えていくかもしれない。

**山口**　そうでしょ。軽井沢なんて新幹線で1時間ですよ。普段は軽井沢でゆったりして、週1回だけ新幹線で東京に来る。そっちのほうがはるかにいい。私が仕事をしている岩手県紫波町だって、東京まで新幹線で2時間半だから、週1回なら問題ないでしょう。地方には待機児童の問題はありませんし、豊かな自然があって、食い物も旨い。ゆったり暮らせる。そういうライフプランを考えていくべきなんですよ。もちろん、全員がそういう生活をしなくてもいいと思うけど、選択肢を増やしていく。

**髙橋**　そういう選択肢をとりたい人がいたとき、いかに会社や行政がサポートする制度を用意できるかだよな。

**山口**　さらに言うと、東京にお勤めのきわめて優秀な女性社員たちが育児休暇後に復帰できないケースがいま多発しているんです。子供のことでしょっちゅう会社を休むことになると、会社に居づらいのもあるでしょう。さらに保育所がない、子供が病気になったときに面倒見てくれる人がいない……。それで復職をあきらめる女性がたくさんいる。だけど、「週1回だけ会社に来てね。あとはインターネットでよろしくっ！」という話なら、彼女たちも仕事を続けられる。そういう勤務形態を会社が認めないので、平気で年収1000万円ぐらい稼ぐ優秀な才能を潰してしまってるのが現状なんです。

**高橋**　週1で十分だよな。いまどき会社に行かないとできない仕事なんて、そんなにない。彼女たちの才能を有効利用する手は考えていくべきだと思うな。すごくもったいない話だもん。いろんな選択肢を用意すりゃいいんだ。

**山口**　平日はラッシュにまみれて会社に通い、週末は子供をつれて大渋滞の郊外ショッピングセンターに出かけてる人たちがいる。疲れきった彼ら・彼女らが東京の生活を捨てて、地方に移住してくる可能性は十分にあるわけです。新規にビジネスを立ち上げる人だって、地方のほうが家賃は安くて助かりますよね。ネット環境さえ整備されてたら、かつてほどのハンディはないんだから。そうした人々は当然、税金もたくさん払ってくれます。補助金に頼らなくたって、地方自治体の財政は改善する。勤務形態を変化させるだけでも、地方はかなり活性化するはずなんです。大切なのは国からの補助じゃなくて、頭の使い方だと思う。ビジネスベースで考えても、地方を盛り上げていくことは十分に可能だと僕は確信してるんです。

# 第７章　「少子高齢化はチャンスだ」

## なぜ保険料方式がよいのか

——世界一のスピードで進む高齢化。膨らみ続ける社会保障費。経済指標が好転するきざしは見えても、日本人がいまひとつ楽観的になれないのは、日本社会の大きな変質があるからだと思います。少子高齢化の問題をどう考えればいいのか。日本人は生き方や働き方をどう変えていくべきなのでしょうか。

**高橋**　社会保障費の問題を心配している人も多いようだから、最初に誤解を解いておきたいんだけどね。たしかに日本は高齢者が急激に増えている。「現在の年金・医療・介護のサービスを維持するには、毎年1兆円ずつ足りなくなる。だから消費増税すべきだ」というのが財務省の言い分なんだ。だけど、消費税を社会保障目的税にしてる国なんて、世界に日本しかないの。

**山口**　先進国では保険料方式で社会保障をやるのが常識ですよね。

**高橋**　他の国が保険でやってるのには理由がある。自分が保険料をいくら払ったかって、目に見えるでしょう。一方、自分が消費税をいくら払ったか知ってる人はいない。つまり、消費税でやると支払い感覚が薄くなる。コストの意識が薄くなるぶん、社会保障に求めるものが大きくなっちゃうの。前章で「他人の金だから、平気で豪華なハコモノを造れる」と説明したけど、同じ構図なんだ。

**山口**　そんなに払ってもいないのに、それ以上を求める人が増えてしまうわけですね。テレビの街角インタビューでも、「年金が月20万円じゃ足りない。30万円ないと生活できない」なんて文句を言ってる。だったら、残りの10万円を稼げよと。月10万円稼げる仕事なんて、探せば見つかりますよ。本当に大変な人もいるだろうけど、そうでもない人がどうして他人からもらって当たり前と思い込んでるのか、すごく違和感がある。

**髙橋**　あるいは、月30万円もらえるだけの保険料を、現役時代に払っておくかだよね。払ってもいないのに分配だけしろという考え方に問題があるわけ。ねんきん特別便は、みんなが過大な期待をするから作ったんだよ。「あなたが支払った保険料はこれです。だから、老後にもらえる年金はこれです。足りないと思うんであれば、差額を稼ぐ工夫をしてください」と。

**山口**　そういう意味でも、保険料方式で徴収するほうがいいんですよね。

**髙橋**　それが世界の常識だよ。みんな過大な期待をしすぎなんだ。自分のねんきん定期便をよく見てほしい。老後にどんな生活レベルを望むかにもよるけど、年金では生計費の3分の1ぐらいをあてにできるぐらいだと思うよ。現役時代の給料の何%もらえるかを所得代替率といって、厚生労働省は63％ぐらいあると主張してるんだけど、デタラメだよ。そんなにもらえない。国際機関の計算では30〜40％ぐらいだ。いまの所得水準をそのまま維持できるように誤解してる人が意外と多いんだけど、期待すること自体、間違ってる。

**山口**　足りないぶんは自分で稼ぐ。それが基本だと思うな。

## 歳入庁さえあれば解決する

**髙橋**　でね、社会保障費が膨らみ続けてピンチだとされる問題について。いまの制度ですら財源的に維持できないと財務省が言うじゃない。あれも嘘なの。厚生年金で説明すると、国税庁が把握してる法人数はざっと280万社あるんだけど、日本年金機構が把握している法人数は200万社くらいしかない。

**山口**　法人税は赤字だったら払わなくていい。一方、厚生年金は赤字だろうが黒字だろうが、払わなきゃいけない。日本年金機構の数字のほうが国税庁の数字より少ないって、明らかにおかしいですよね。本当は逆でなきゃいけない。

**髙橋**　そうなんだよ。日本年金機構は、少なくとも80万社ぶんの社会保険料を取りっぱぐれている可能性が高い。国税庁だって税金を取りっぱぐれてるだろうから、実際はさらに多いはずだよね。で、80万社ぶんというのは、ざっと計算して10兆円ぐらい。これって、消費税でいえば4～5％に当たる金額なんだよ。もちろん、「髙橋の計算にはこれこれ欠陥があって」という反論はありうる。だって、わからないことを計算しているんだから。だけど、徴収漏れはゼロでないんだから、くだらない反論をせず、きちんと徴収することを実行せよと言いたいな。

**山口** きっちり徴収できれば、消費増税なんて必要ないってことですよね。いかに徴収するかの部分で解決できる。

**髙橋** 日本では税金を国税庁が、社会保険料を日本年金機構が徴収している。だけど、先進国では歳入庁で一括して徴収するのが普通なんだ。そのほうが効率は上がるし、行政のスリム化にもなるでしょう。

**山口** 少なくとも280万社と200万社の差は解消しますよね。

**髙橋** 厚生年金を社員の給与から天引きしておいて国に納付しない会社が問題になったけど、そんな事態も減る。実は税務署って、その会社が厚生年金を払ってるかどうかを、だいたい知ってるんだよ。所管外だから口を出さないだけで。だから、情報共有すればいいんだ。厚生年金だけでなく、国民年金の徴収率も上がるだろうし。つまり、歳入庁を作って徴収を一元化するだけで、社会保障費の問題は解決するわけ。なのに、断固として歳入庁を作ろうとしない。

**山口**　歳入庁を作ろうとしない。保険料で取るべきものを消費税で取る。二重に問題があるわけだ。日本で歳入庁が実現しないのは、また財務省が反対してるんですか？

**髙橋**　財務省の外局である国税庁だけは、どうしても手元に置いておきたいんだよ。はっきり言ってしまえば、税務調査権（質問検査権）を手放したくない。相手が政治家であれ企業であれマスコミであれ、財務省に逆らうやつには税務調査で圧力をかけられるでしょう。それがあるから、財務省の権力が盤石になる。

**山口**　権力の根幹に税務調査権があると。

**髙橋**　１９９０年代末にイギリスで歳入庁が事実上始まったとき、あまりに見事な成果を上げたんで、私はすぐにレポートにまとめて提出したんだよ。当時も大蔵省は財政破綻を唱えてたから、こっちは「これで国のお役に立てるな」と純粋に考えるじゃない。ところが、「この件は口外するな！」って上司に怒られた。ビックリしたけど、この人たちは省利省益しか考えてないんだなと確信したね。

## 経済成長は否定するな

**山口**　自分は払いたくないけど、他人からは取りたいって人が多いですよね。財源の話になると、必ず「金持ちからもっと取れ」なんて話が出てくる。

**高橋**　分配分配って言う人は疚《やま》しいよ。共産党とか民進党とか、すぐ分配の話を持ち出すでしょう。だけど、分配するためのパイを大きくしなきゃ、どうにもなんないじゃん。分配の話になると必ず名前が出てくるトマ・ピケティ（パリ経済学校教授）ですら、経済成長は否定しないんだよ。共産党や民進党には経済成長すること自体を否定する人が多くて唖然とする。

**山口**　経済成長を否定しちゃったら、どうにもなんないですよね。

**高橋**　水野和夫さん（法政大学教授）ってエコノミストが、民主党政権で審議官をやってたんだけど、「経済成長ゼロでもOKな社会を作る」とか言ってた。わけわかんないよ。

**山口**　できないですよ、そんなの。

**高橋**　水野さんはいまも「アベノミクスをやめて、金融課税をしろ」とか言ってる。マルクス経済学だから、何言ってるのか理解不能なんだよな。そんなのが民主党政権のブレーンだったんだから、おかしな経済政策になって当然だよ。安倍さんは「経済成長したら分配できるパイも大きくなるから、それで勘弁してね」って考え方でしょう。一方、民進党の言ってることは、成長はしなくていいけど、分配するパイは大きくしますよ、と。それ、どうやって実現するんだ？

**山口**　共産党なんかは「金持ちからもっと取れ」と。

**高橋**　分配自体に反対はしないけど、それだったら金持ちがもっと豊かになれる政策を一緒にやらないとダメだよね。金持ちがいなくなっちゃうじゃない。いっぱい鶏肉が食べたいんだったら、鶏を大きく育てるほうが賢いんだよ。大企業に優遇策を用意して成長させるほうが、いっぱい分配できるじゃない。左派の人は大企業優遇を条件反射で否定するんだけど、最終的に税金で返ってくればいいんだよ。

**山口**　どのクラスの会社から取るかにもよるけど、企業から税金をもっと取るというのはありうると思うんです。ただし、その会社が日本を出ていってしまう危険性はある。トヨタが日本を出ることはないと思うけど、同じぐらいメジャーな大企業が逃げ出してもおかしくないですよ。そうしたリスクまで考えたうえで「法人税率を上げろ」と言ってるのか、疑問ですよね。

**高橋**　そこまで考えてないよ。感情論しかない。

## 人口減少って問題なのか？

**山口**　少子高齢化の話に戻りますが、たしかに人口は減っていく。いまから大急ぎで産んだって、20年後に増えるかどうかギリギリですよ。だけど、それが本当に問題なのか？　10年後に人口が半分になるというなら大問題だけど。

**高橋**　せいぜい年間0・5％ぐらいしか減らないでしょ。あんなの全然たいした話じゃないよ。

**山口**　政府の試算で見ても、あと40年ぐらいは9000万人をキープできるんです。1億人を切るって大騒ぎしてるけど、9000万人も人口がある国って、世界でそう多くないですよ。先進国でそれより多いのはアメリカだけで、ドイツだって8000万人台でしょう。日本はまだまだ巨大マーケットなんだ。

**高橋**　なんで悲観するのか、よくわかんないよね。私なんか、人が多くてゴミゴミしてるよりいいじゃないかと思っちゃうけど。

**山口**　少子高齢化でどんどん人が減るから経済成長は難しい――。そんなことを言う人が非常に多いんだけど、「バカじゃないの？」と思います。頭を使い、そして仕組みを変えれば、いくらでもチャンスはある。

**高橋**　人口減少を所与の条件として冷静にとらえれば、どうやって補うかに知恵を絞るようになるんだ。それが資本主義のいいところだよね。いままでだってピンチは何度もあったじゃない。例えば石油ショックで、エネルギーを輸入に頼る日本には未来がないようなことが言われた。「日本は沈没する！」って。すると世界でもっとも効率のいい省エネ技術が開発された。その分野ではいまや世界をリードしていて、技術を世界中に売ることができる。世界が追いつけないハイブリッドカー技術なんて、その流れのなかから生まれてきたと言っていい。ピンチがチャンスになった。

**山口**　老人が増えるというなら、ロボットや人工知能（ＡＩ）にサポートしてもらって、効率のいい社会を作ればいい。人口が減るというなら、マスを相手にしなくても成立するようなビジネスを考えればいい。

**髙橋**　不利なところにチャンスを見出す。それが社会主義との違いなんだよ。官僚主導では対応できないけど、民間からは必ず、とんでもない突破口を考え出すやつが出てくるんだ。資本主義の歴史を見てると、そうだよ。

**山口**　誰より先に効率化を考えたやつは大富豪になりますよ。考える人にとっては、社会の大変動はピンチじゃなくてチャンスなんです。

**髙橋**　資本主義の可能性を信じるかどうかの差なんじゃないの。人口が減るからダメって言うやつは、ものすごく発想が貧困なんだと思うよ。社会主義的な発想をする人って、柔軟に考えられないんだよね。未来が確実に予想できないと不安になっちゃう。不確実性にワクワクしない。すべてのことが予測できると思い込んでるから、そういう発想になっちゃうんだよ。

**山口**　ありえませんよね。すべて予測できるなんて、ありえない。

**高橋**　できないよ。私も少しビジネスやってるけど、予想通りなんていったことがない(笑)。泡喰うことばっかりだよ。しょっちゅう「えーっ！」となってるもん。未来を予測できないのは当然の話で、心配しても仕方ないんだ。「人口減少の日本には未来がない」って騒いでる人たちは、左巻きの硬直した人だと思うよ。

## 夢のある時代がやってきた

**山口**　このあいだ岩手県のオガール紫波というところでパン屋をひとつ作ったんです。８００万円ぐらいの設備投資で、ひょっとすると年収２０００万円のパン屋ができちゃう。こんなビジネス、いまだから可能なんですよ。人口がどんどん増えていた１９７０年代、80年代に開業していたら、どうだったか？　全体が右肩上がりだから、資金力のあるやつ、つまり大企業のほうが絶対に強いわけです。

**高橋**　あの頃は力の勝負だったもんな。

**山口**　実際、当時は山崎製パンが成長して、町のパン屋さんはどんどん潰れていた。どんなにおいしいパンを作ってもヤマザキには勝てない。どんなにおいしいハンバーガーを作ってもマクドナルドには勝てない。それが、あの時代だった。努力しても、なかなか大企業に対抗できなかった。だけど、いまはそうじゃない。少しぐらい高くても、おいしいものをちょっとだけ買いたいなんて流れが出てきた。だから、僕らのパン屋さんにもチャンスがある。

**髙橋**　新しいチャンスだって、同時に生まれてるわけだ。

**山口**　そうなんです。「みんなと同じものを持つのはダサい」って消費者が増えてきている。大量生産の製品より、少量ハンドメイドの高付加価値商品にお金を出すようになった。こういう流れって、人口の増えているアメリカでも起きてるんですけどね。西海岸ではスターバックス離れが起こっていて、自家焙煎で1杯ずつていねいに淹《い》れるブティック型のカフェに客を奪われている。

**髙橋**　スタバってさ、2年ぐらい前、鳥取県に出店して大騒ぎしてたでしょ。日本で最後までスタバがなかった県らしいんだよな。ニュースで見てたら、1000人以上が行列するお祭り騒ぎだったけど、流れとしてはちょっと違うわけね?

**山口**　流れは逆なんですよ。本拠地のシアトルじゃ、もうスタバで飲むのは恥ずかしい。面白いのは、スタバも流れに逆らえず、そうしたブティック型のカフェを出すようになったんだけど、自分が経営してる事実を隠してる（笑）。

**髙橋**　アハハハハ。それいいね。スタバだとバレたら、お客さんが離れちゃう（笑）。

**山口**　要は、消費者がそれだけ成熟してきている。シアトルだと10年ぐらい前から、少なからぬ消費者が近郊の農場まで出向いて、栽培方法や土壌をチェックしたうえで野菜を買ったりしている。牛肉だって、飼育方法までチェックする。日本だって、そういうニーズはあると思うんですよ。

**高橋** あるかもしれないね。そう考えたら、地方にもチャンスはいろいろあるんだ。スタバを「誘致」して喜んでる場合じゃないよな（笑）。

**山口** これまでの時代なら、力の勝負になって、大企業に潰されるしかなかった。ところが、いまは個人でもアイデアで対抗できる時代になった。こんなに夢のある社会になったのに、なんでみんな下を向いてるのか。わけがわからない。頭の使い方次第では、いくらでもチャンスがあるんですから。

## 老人が増えればチャンスだ

**高橋** だから、発想の転換なんだと思うよ。だって、たしかに全人口は減ってるけど、高齢者の人口だけを考えたら急増してるわけでしょ。これって、いままでなかった現象だぞ。シニア層が急激に厚くなったというのは、新しい市場が生まれてるんだ。若い人まで含めたマスを相手にしなきゃいいんだよ。

**山口** そういう発想をすればいいんです。しかも、高齢者はお金を持っている。日本の歴史上、お金を持った高齢者の層がもっとも厚い。これって、まったく新しいマーケットが生まれたわけですから。

**高橋** 金融業界の人は、金持ち老人をたぶらかすことを考えるよね。そこにターゲットを絞り込むと、マスを相手にしてたときより楽なんだ。ジジイをどう転がすかとか、私も考えるな。だけど、私自身、小金持ちのジジイだと思われてるから、逆にターゲットにされて、けっこうヤラレてる(笑)。

**山口** ミイラ取りがミイラにじゃなくて、ジジイ取りがジジイに(笑)。

**高橋** 私もジジイ殺しをやろうと思って、運用アドバイスみたいなことは少しやってるんだ。アドバイスをすると投資顧問業になっちゃうから、それはやらないんだけど、投資にはいろいろ隣接分野があって、ビジネスの仲介とかはできる。お墓も一緒に売ってやろうかな、とか一瞬考えたりね(笑)。

**山口** ターゲットを絞り込むのはアリですよ。

**高橋** 山一證券に勤めていた友達がいるんだけど、山一は倒産したでしょう。彼は先見の明があるから「これからは老人が増える」って、葬儀社を始めたの。いま繁盛してるみたい。お金持ちの少人数を相手にするビジネスって可能性あるよね。

**山口** そういう意味ではビジネスチャンスは増えてるんです。

**高橋**　これまでマスを相手にビジネスをやってきた人は、人口が減って大変なんだろうと思うよ。だけど、ターゲットを絞り込むと、そんなにピンチじゃないんだよな。昔みたいに銀行からドカンと借りてこなくても、身の回りのお金で少しだけ投資して、少しずつ儲ける。そう割り切れたら、苦しくない気がするけどな。

**山口**　まったくその通り。個人でも勝負できる時代だということです。僕が腹立つのは、自分がうまくいかない理由を人口減少のせいにするやつがいること。「じゃあ、マスの時代なら成功していたのかよ?」と。

**高橋**　ああ、そういうのもいるのか。だけど、少しわかるよ。ビジネスってたいがいうまくいかないから、他人のせいにしたくなるんだ。政府が悪いとか、人口減少が悪いとか。大儲けしたときだけは「俺の実力」って言いたくなるけどね（笑）。

## 自動運転が地方を変える

**山口**　働き手が減り、高齢者も増える。そんな日本社会を効率化していくキーになるのはＡＩだと思うんです。

**高橋**　私ね、一日も早く自動運転を実現してほしいの。正直、自分はあんまり運転がうまくないって自覚があるわけね。絶対に自動運転のほうが安全だと確信してる。だって、人間の目って2ヵ所からしか見られないじゃない。自動運転だとセンサーで何ヵ所も見てくれるんだよな。

**山口**　並の人間よりは絶対にうまいです。現時点でも自動運転の技術はすごい。自動駐車なんか見たら、ビックリしますよ。隣の車との隙間を2センチぐらいしか残さないで停めるんですよね。プロのドライバーみたいなレベル。

**高橋**　私は高速道路に乗ると眠くてたまんなくなっちゃうから、代わりに自動運転で目的地まで連れてってくれと思うね。そしたら、すごく楽になるじゃない。高速なんかだったら、すぐできるんじゃないのかな。一般道路みたいに歩行者がいたり、信号があったりしないから。

**山口**　高速ではすぐできます。僕がいま乗ってる車だって、高速だったら手を放してても大丈夫ですよ。

**高橋**　高齢者の自動車事故が話題になってるけど、だいたい新車じゃないでしょ。古い軽トラックとか乗ってる。自動ブレーキが装備されていたら、あんな事故にはならないと思うよ。私の車で自動ブレーキが発動したことはまだないんだけど、ついてるってだけでも安心感が全然違うよ。いいよ、あれ。

**山口**　地方の問題って、自動運転が実現すれば、かなり解決しますよね。自動運転の無人タクシーがあれば、過疎地に高齢者が住んでいても問題がない。過疎路線の赤字バスをどうするかみたいな議論も不要になる。

**高橋**　自動運転を4つのステージに分けたりするじゃない。レベル3ではほぼ自動なんだけど、安全確認や緊急時のブレーキ操作は人間がやれと。だけど、中途半端に人間が関与するのは避けたほうがいいと思うな。完全に機械に任せたほうがいいよ。いざというとき人間はパニックになるから、中途半端にやるのがいちばん危ないんだ。ぐっちーさん、『ハドソン川の奇跡』って映画見た?

**山口**　見ましたよ。

**高橋**　あれって実話なんだけど、飛行機にトラブルが起きたとき、機長の機転でハドソン川に強制着水し、乗客は無事だったと。たしかに人間の判断としては正しいんだけど、もし全自動で操縦してたら、空港にすぐ引き返して事故自体が起きてなかった。人間に判断させると時間がかかるんだよ。それがあの事件の教訓で、車についても同じなんだ。もう中途半端なことをせず、完全に任せちゃうほうが安全だ。

## 難癖つけて反対する

**山口**　だけど、当初はお役人の方がドライバーは人間でなきゃダメだと言っていた。また規制緩和の問題になりますねえ。

**高橋**　そうなんだよ。人間がハンドルを握るという前提で車検制度とか、いろんな制度を作ってきたじゃない。いまの制度が根こそぎアウトになってしまうんだよね。自分たちの権力の源泉が消えかねない。だから、自動運転の話が出ると、国交省の連中はパニックになっちゃうの。

**山口**　オランダやアメリカなんて、どんどん自動運転化が進んでますよ。このままいくと、日本だけ取り残されちゃう。

**高橋**　他の国はけっこう無頓着にやるんだよ。実験とか称して。それに、アメリカの役人って、けっこうドライなんだよなあ。「じゃあ俺、役所辞めて、次行くから」って感じで、割り切ってる。日本の役人ほど抵抗しないんだ。

**山口**　辞めてもすぐ次の仕事が見つかるって社会環境もありますしね。

**高橋**　日本では役人を一生やろうと考えるでしょう。役人やると、他の仕事なんてできなくなるんだよ。どんどん能力なくなっちゃうし（笑）。みんな中央省庁のキャリア官僚のことを優秀だと思い込んでるけど、もっとも優秀なのは入省した時点なの。その後はどんどんスポイルされて、仕事のできない人間になっていく。40代50代になって、いきなり転職しろと言われても、民間企業で通用しないよ。

**山口**　じゃあ、ずっと役人でいたいって？

**髙橋**　みんなそう言うよ。楽だもん。民間みたいに頭下げなくていいしね。だから、自分の地位を守るために、自動運転には反対する。「自動運転で事故が起きたら、いったい誰が責任とるんですか」みたいなことを言い出すわけ。製造物責任か、使用者責任か、みたいなことを言うんだよな。

**山口**　東京海上（日動火災保険）なんかは、自動運転に保険つけることをさっさと決めちゃったでしょう。現在の保険と同じものを提供しますって。自動運転のほうが事故は少ないって、彼らはわかってるんですよ。だから、同じ条件で提供できる。

**髙橋**　自動ブレーキがあると保険料が安くなるようなのもあるよね。自動運転のほうが安全だから、保険料は安くなってる。保険がつくということは、問題はないんだよ。なのに、役人はいろいろ難癖をつけるんだ。こっちが全然、思いつかないようなことを持ち出してくる。権益を守るときだけ、急に頭が良くなっちゃう（笑）。

**山口**　原発みたいに保険のつかないものを強引に進める一方で、自動運転みたいに保険がつくものには反対する。恣意的ですよね。

**髙橋**　保険があれば、金目の話は解決するよね。あとは責任問題だけ法律で決めておけばいい。だけどね、安倍さんは東京オリンピックまでに自動運転を実現したいんじゃないのかなあ。日本だけやってないと格好悪いじゃない。オリンピックって国家が見栄を張る場でもあるからね。

## ドライバーは消える

**山口**　昔のコンピュータは知ってるだけだったけど、いまは学ぶようになっちゃったじゃないですか。まさに人工知能な感じで。

**髙橋**　すでに人間より賢いところがあるんだよ。だってさ、2016年にAIが囲碁でプロ棋士に勝っちゃったじゃない。将棋やチェスと比べて、囲碁のほうが圧倒的に組み合わせは多くて複雑なんだけど、勝っちゃった。AIは定石をたくさん知ってるうえに、学ぶようにもなった。人間では勝てないんだよ。

**山口**　これから、さらに勝てなくなっていく。

**髙橋**　だから役人が「機械に任せるのは危険だ」と言っても、なんの説得力もない。機械に任せておけば、少なくとも老人がブレーキとアクセルを踏み間違えたりする事故は起きないんじゃないか。

**山口**　自動運転が実現したら、ドライバーを仕事にしてる人は大変ですね。トラックに荷物を積んで走ってる運転手さんとか、タクシーの運転手さんとか。

**高橋**　消えていく職業だよな。こないだ植樹祭に行ったときに、珍しくカーナビをつけてないタクシーだったの。ちょっと感動したというか、嬉しかったんだけどね。会場の場所を知らないと言うんで、「大丈夫ですよ。教えますから」って、私がスマホの地図を見ながら指示したんだ。だけどさ、これよく考えたら、運転手さん要る？　スマホの情報をそのまま車に送って、自動運転すればいい話じゃない。

**山口**　いまグーグルがやろうとしてるのは、それですよね。グーグルで地図検索して、それを車に送れば、あとは車が自動運転してくれる。

**高橋**　ＡＩに置き換わられていく職業は山ほどあるけど、ドライバーは真っ先に消えていってもおかしくないよね。

**山口**　気の毒だけど、そうでしょうね。ただ、自動運転が認められれば、また別のビジネスチャンスも生まれてくる。

**高橋**　私ね、完全に自動運転の車が出たら、１台買ってカーシェアリングのビジネスができないかと思ってるんだ。いまマイカーの稼働率って、２％ぐらいなんだよ。98％の時間は駐車場に置かれたままなんだ。アメリカのウーバー・テクノロジーズがやってるのも、マイカーを使わない時間、他人に貸し出すってサービスでしょう。自動運転になれば事故も減るから、このビジネスをより手掛けやすくなる。

**山口**　自動車メーカーとしては、いままでみたいに車が売れなくなるから、痛し痒しのところがあるでしょうね。

**高橋**　そうなんだよな。もしカーシェアリングで稼働率50％になったら、車の台数は20分の1でいい。1台当たりの価格を上げるしかないよね。だけど、社会全体で見たら、駐車場も20分の1で済むわけだから、土地の有効利用ができるじゃない。消費者目線で考えると、反対する理由はないと思うけどな。

## 消えるときは速い

**山口**　ＡＩの進化で、いろんな職業が消えていくでしょうね。仕事が消えるときって、実はものすごく速い。昔、和文タイプってあったの覚えてます？　漢字がダーッと３０００個ぐらい並んでいるやつ。熟練のタイピストは、その小さな文字列のなかから、欲しい漢字を一瞬で見つけてパパパパパッと打っていく。

**高橋**　あったあった。かなりの特殊技能だよね。

**山口**　僕が大学を出て丸紅に入ったとき、まだ和文タイプが使われていて、それがないと仕事にならなかった。だから和文タイピストって、商社勤務の女性としてはもっとも高い給料をもらってたんですよ。

**高橋**　私が大蔵省に入ったのは１９８０年だけど、どの局にも和文タイプを打つ人が一人いたよ。その人がいないと法律（の文書）を作れないの。だから、機嫌を損ねないように、揉み手でお願いしてね。先輩から「とにかく肩揉んで、仲良くやれよ」と注意されたもん。私は孫ぐらいに歳が離れてたから、その女性には可愛がってもらったけどね。それが入社して３～４年でいなくなった。

**山口**　あれだけ必要不可欠な仕事だったのに、ホントにあっという間に消えたんですよね。ワープロが登場し、パソコンが登場したら、まったく必要ない職業になった。タイピストの採用自体もなくなったし。

**高橋**　みんな自分で打てるようになったからね。職人芸で、誰にも真似できないと思っていたのに、突然消えた。同じようなことが、これから山ほど起こるよ。例えば医者だって、ものすごく専門的な仕事だと思われてるけど……。

**山口**　医者はすでにそうなりつつありますよ。大学病院に関して言えば、どこもＡＩを導入して、それを使って診断を下すルールになってる。少なくとも診断に関してはＡＩ抜きには語れない。

**高橋**　それがさらに進めば、ＳＦ映画みたいに、機械が手術することだって可能だよね。もちろん、職業が消えるには順番があって、最初は単純労働から消えていくだろうけど、医者って仕事が消える日も遠くない気がする。日本医師会なんてさ、既得権益を守ろうとして、医者を増やさないように圧力をかけたから、いま逆に足りなくなって大変な状態でしょう。人工知能で置き換えられるようになったときに、どんな抵抗を見せるのか、いまから楽しみだよ。

## ナントカ士は要らない

**山口**　医師もそうだし、これまで規制で守られてきた「ナントカ士」ってヤバイかもしれませんね。弁護士とか。

**髙橋**　弁護士もそうだよね。莫大な法令も過去の判例も、すべてデータベース化できちゃうんだ。囲碁の定石と同じで、人間よりＡＩのほうがよく知ってるよ。弁護士は自分の存在価値がなくなるから、当然、規制緩和には反対するだろうね。士業は妙なプライド持ってる人が多いから、大変だな、これから。

**山口**　会計士なんて、もっとも必要ない仕事だと思いますよ。あの仕事はＡＩ以前でしょう。素人でもパソコンでできちゃう。すでに財務諸表のソフトに自分で入力して、会計士には「ハンコだけ押して」って世界になってる。僕も以前は顧問会計士に月50万円も払ってたけど、いまは月５万円しか払わない。それも、長い付き合いだから５万円を払ってるだけ。世間一般では、すぐ月1万円になっちゃいますよ。

**高橋**　税理士もそうだよね。もはや必要ない。国税庁がソフトを作っちゃったから。ｅ－Ｔａｘというやつ。

**山口**　本当に5年前までは、税務署に法人税申告の書類を出したら「税理士のハンコがない書類は受け取れません。税理士をご紹介しますから、ハンコをもらってきてください」って言われたんだ。

**高橋**　ところが、いまは国税庁の作ったソフトに数字を入れたら、勝手に計算してくれる。それをネットで送っておしまい。国税庁御用達《ごようたし》のソフトだから、バグがあっても文句は言われない。前だったら会計士に頼んで書類を作り、間違ってたら税務署で文句を言われって、大変だったもんね。

**山口**　特に法人税では「紙の領収書だけは欲しい」って必ず言われたんです。見もしないくせに書類は用意しろと。だから確定申告の時期になると、領収書をまとめて貼る学生バイトを雇ってた。いまはなるべくクレジットカードを使って、その請求書をＰＤＦで付けるだけでいい。格段に楽になりました。

**高橋**　そのＰＤＦもいずれ要らなくなる。マイナンバーの口座だけ聞けばいいから。それが楽でいいよ。会計士も税理士も必要ないし。

**山口**　思えば、よく会計士も税理士も抵抗しなかったですね。

**髙橋**　抵抗したよお。e-Taxは導入時に国税庁幹部からアドバイスを求められ、私も技術的なことを言ったけど、ものすごく抵抗されたんで、実現まで10年ぐらいかかった。だけど、時代の流れには逆らえなかった。税務署だって手書きの読みにくい書類より、パソコン入力の書類のほうがいいでしょう。税務署に書類を持参しても、どうせその場では見ないんだ。あとで見る。だから、郵送がOKになった。そこからさらに進んで「もうネット上でやればいいじゃん」と。誰だって便利なほうがいいからね。

**山口**　すでに会計士・税理士の価値はなくなった。他の士業はこれからですね。

**髙橋**　行政書士もなくなるんじゃないの?

**山口**　行政書士はすでにないです。サラ金の過払い金請求のときは活況だったけど、それもあと2年で終わっちゃう。

**髙橋**　そう言えば、会社登記が面倒くさかったなあ。公証人役場に行かなきゃいけない。私は元役人だから、申請書類作るのとか得意なんだよ。それで、すべて電子書類にして持っていったら、「プリントアウトしてくれ」って言われてさあ。それを適当に見て、もっともらしい書類をつけて、お金を取りやがって。

**山口**　そういう仕事なんですよ。話をややこしくしてお金を取る。

**高橋**　会社って資本金１円で設立できるようになったでしょう。ところが、公証人役場みたいにいろんな諸費用がかかるから、結局、何十万円もかかっちゃう。せっかくの起業を応援する仕組みを、規制が阻んでるんだよな。だから私、ナントカ士の規制緩和には大賛成なんだ。利害関係者はみんな怒ると思うけどね。

## 歳をとるほど格差は開く

**山口**　自分の職業が消えてしまう人にとっては、大変な時代になりました。でも、職業が消えるって、社会全体としてはポジティブな変化でもあるんですよ。社会からもう必要とされていない業種から優秀な人材が流れ出し、別の業種を盛り上げていくということですからね。新陳代謝になってる。

**高橋**　社会全体で見れば、人材のリシャッフルになる。

**山口**　ただ、消えていく職業に見合うぶんの、新しい職業が生まれてくるかというと、微妙なところですねえ。特に単純労働については厳しいかもしれない。大学で学び直すとか、アメリカに行くとか、とにかく自分でアクションを起こして考えるしかない。自分で新しい職業を作るとか。

**高橋**　制度を作るときって、必ず激変緩和をセットにするんだ。規制緩和で職を失う人がいる場合も、そういう措置がとられるかもしれない。「お金をあげるから、何年かのうちに新しい仕事を探してください」と。それでも対応できない人は厳しい時代になっていくから、社会保障の充実が必要でしょう。

**山口**　これは格差が開くなあ。こればっかりはしょうがないですねえ。無理に規制を強化して「要らない職業」を守ろうとしたら、しわ寄せが必ずどこかに行くんだから。資本主義社会では、求められない職業は潰すしかない。

**高橋**　格差ってさ、みんな大騒ぎしてるけど、ちょっと違和感があるな。失業しなかったとしても、歳とともに格差は開くんだもん。大学を卒業した段階では横並びでも、定年の頃には格差が開いてるでしょ。これが高校や中学の同級生となると、格差はもっと開いている。だから、歳をとるほど同窓会がやりにくくなるんだよ。

**山口**　本当にやりにくくなりますね。小学校の同級生なんかだと、お互いに住んでる世界がとんでもなく遠いところにいる。

**高橋**　だから、格差そのものが嫌なら、寿命を縮めるしかないんだ。格差が開かないうちに死んじゃえば、みんな平等だよ。「昔は格差が小さかった」なんて言う人がいるけど、寿命が延びたぶん、格差が開いてきて当然だよね。60歳を越えると、もうリカバリーはないよ。それまでに頑張れとしか言いようがない。

**山口**　僕の見ている範囲だと、大企業のサラリーマンがいちばんヤバイと思います。環境が激変したときに対応できない。個人営業のタクシー運転手さんなんかは、それなりに転身できる気がするんですよ。サラリーマンはいまから「もし自分の職業が消えたら、どうする」って考えておくほうがいい。

**高橋**　たしかに大企業のサラリーマンは転用性のない人が多いな。30歳で放り出されてもなんとかなるけど、50歳で放り出されたらアウトだよ。それが最悪のパターンだな。会社が倒産しても60歳までは泳がなきゃいけないけど、それができない人がけっこういるんだよね。国としては、「下流老人」をなんとかしろと言われたって、どうしようもないよ。若いうちだったら、国はリカバリーのチャンスを与えるけど、60歳を過ぎたら、もう支援のしようがないんだ。

**山口**　その段階で格差を言われてもねえ。

**高橋**　こうすれば生活保護を受けられますよ、という情報提供を、これまでより丁寧にやることはできる。だけど、格差そのものをなんとかしろと国に言われても、それはどうしようもない。申し訳ないけど60歳を越えたら、その格差に責任を持つしかない。

## いざとなったら農業がある

**山口**　いきなり職を失うことを考えると、そりゃ不安だと思いますよ。だけど、そこまで悲観的になることもない。実は僕が岩手に行ったのは40代で、いろいろ不安な年齢だった。もしビジネスで失敗して無一文になったらどうなるのかって考えたんです。いまはそんなこと思わないけど、当時は不安だった。でも、岩手に行ったからこそ気付いたこともある。「そうか。いざとなったら農業をやれば生きていけるな」って。

**高橋**　あ、それあるね！　食うのに絶対困らない。田畑は余ってるから、土地の人たちは歓迎してくれるしさ。

**山口**　田んぼや畑を借りるのって、ほとんどタダなんですよ。で、念のため農家の人に聞いたんです。自分が1年食うために必要な田んぼはどれぐらいかって。「1反ぐらいですか？」と聞いたら、「バカ。お前なんか2畝《せ》で十分だ」と大笑いされて。たった2畝を耕すだけで飢え死にしないんですよ。それで生活保護をもらったら、余裕で生きていける。急に気が楽になりました。

**高橋**　私だって農業ができたら、やりたいよ。自分には無理だと思うから、諦めてるだけで。生まれも育ちもずっと東京なんで、全然わかんないの。大蔵省って5年目で地方の税務署長をやらされるんだ。私は香川県に行ったんだけど、そのとき初めて稲を見たの。税務署の隣が田んぼだったんで、「これって米ですか?」と質問して、ものすごく笑われた。あまりに無知だよね。畑に植わってる野菜を見ても、キュウリなんだかニンジンなんだか全然知らないしさあ。

**山口**　僕だって東京生まれの東京育ちですよ。だけど、岩手へ行って、目からウロコが落ちたんです。農業を知らないから、すさまじく大変な仕事なんだろうと思い込んでいた。朝はものすごく早く起きて、重労働の連続で、天候も心配だから気が休まらないんだろうなと。あんなに楽な仕事だとは思わなかった。

**高橋**　えっ、そうなの? 専門知識がないとできないんじゃないの?

**山口**　朝2時間だけ畑に行けば、あとの時間は自由にできます。もちろん、プロの農家として高品質な作物を大量に出荷しようと思ったら、大変だと思いますよ。だけど、自分や家族が食べるぶんだけ作るなら、ホントに楽です。

**高橋**　そういえば、米は楽だって聞いたな。税務署長をやってたとき、秋になると、職員がみんな休むんだ。どうしたんだと思ったら、稲刈りやってたのね。稲刈りしない人のほうが少なかった。

**山口**　米は兼業農家が大半ですからね。

**高橋**　勤め人をやりながらでもできるってことだよな。「大変だねえ」と声かけたら、「全然、大変じゃない」って返事だったの。農協で機械を借りて、日曜だけパーッとやれば終わっちゃうんだって。税務署を休むのは、田植えや稲刈りのときぐらい。それでけっこういい現金収入になるんだから、楽は楽なんだろうな。

**山口**　野菜は、もっと楽だったりする。田舎の人って、こっちはキュウリを作り、隣はトマトを作りで、それを交換するでしょ。全部を自分で育てる必要はないわけです。食いきれないほどできるから、僕みたいな人間にもいっぱいくれるんですよね。

**高橋**　私もよくもらった。それに、いま農業って引く手あまたなもんな。ぐっちーさんの年齢で行っても超若手でしょ?

**山口**　そうなんです。いま作ってる人は高齢者ばかりだから、10年くらいでかなりいなくなる。だけど、国産野菜とか、輸入じゃないものに対する需要は増えてるじゃないですか。いままでの倍ぐらいの値段で売れる可能性だってある。実はビジネスとして考えた場合にも、農業はものすごく未来のある業種なんですよ。

## 最後の砦はある

**高橋**　私もね、「最後の砦《とりで》」を真剣に考えたことがあるの。お金も社会的背景も何もかも失って、自分の体ひとつで生きていかなきゃいけない。そうなったら、何をするか?　もちろん、お金がないから、設備投資とかナシだよ。で、考えた仕事はマッサージ。体は疲れるけど、腕1本でできちゃう。道具も要らない。

**山口**　資格が必要じゃないですか。

**髙橋**　うん。だから、自分がやるとなったら、規制緩和しろって騒ぐ（笑）。

**山口**　マッサージも一種の規制業種ですけどね。

**髙橋**　まあ、マッサージ師の資格がとれないんだったら、金持ち相手に闇でやるよ。大変な仕事で、なり手が少ないみたいだから。

**山口**　今の仕事やお金を失ったときに、どうやって生きるか。それを考えておくことって重要ですよね。「いざとなれば」という部分が、いまの自分を支えてくれる。

**髙橋**　重要だよお。裸一貫で生きるときの、最後の砦。年金を増やせとか老後の格差を解消しろとか言う人は、他人からの施しを期待してるわけでしょ。それでは不安は解消しないと思うよ。施しにだって限界があるわけだからさ。基本的には、自分自身でどうにかしようと考えなきゃダメなんだ。

**山口**　どれだけ準備しておくかなんですよね。覚悟があるだけで、ずいぶん不安は解消する。「会社が倒産したってなんとかなるさ」と思えてくる。突然潰れるって、実際にあるんですよ。さっき山一證券の友達の話をされましたけど、あのときだって、社員は新聞を見て倒産を知ったんです。みんな倒産はないと思い込んでるから、2円まで暴落してる山一の自社株を、なけなしのお金で買い集めたりしてた。

**髙橋**　そりゃ、すごいな。

**山口**　翌日の新聞を見たら「倒産」と書いてあるじゃないですか。僕のとこにもジャンジャン電話がかかってきましたよ。何人もの山一社員から。「うちって倒産したんですか?」って聞くから、「お前の会社だろう」(笑)。

**髙橋**　私、大蔵省の証券局にいたこともあるから、ＭＯＦ《モフ》担《たん》(大蔵省担当)の山一社員を何人も知ってるのね。彼らのその後を見てると、たくましく生きてる人と、そうじゃない人がいる。激変に対応できない人もやっぱりいるんだよ。いきなりの「まさか!」はそれぐらいキツイから、普段から考えておくしかないんだ。

## 誰も助けてはくれない

**山口**　ひとつだけ強調しておきたいのは、「まさか!」のときには誰も助けてくれないってこと。有力者と友達だとか、まったく役に立たない。自分しか頼れるものがない。それだけは覚悟しておかないと。

**髙橋**　そうだよ。イザというときは自分でなんとかする以外ない。

**山口**　僕はベアー・スターンズという会社をクビになったことがあるんですよ。のちにリーマン・ショックで悪名をはせるＣＤＯ（債務担保証券）を、「こんなインチキ商品は売りたくない」と拒絶したら、懲戒解雇された。

**髙橋**　そういうとき、サーッと人が去っていくでしょう。

**山口**　あっという間に噂が業界に広がって、誰も寄り付かなくなった。僕の下には３００人ぐらい社員がいたんだけど、可愛がってた部下からすら連絡が来なくなった。あんなに目をかけてやったのに。アメリカ人の友達にはとても心配して連絡をくれたり、稀《まれ》に「食うのに困ってないか？」と心配して、白紙の小切手を送ってくるようなやつはいたんです。いちばん冷たかったのが、日本人のサラリーマンだった。

**髙橋**　日本の勤め人はダメだよ。第一次安倍政権のときと同じだ。「安倍さんと心中します」と言ってて、誰も約束を守らなかった。平気で嘘をつくんだよ。いざというときは、絶対に頼りにならない。

**山口**　僕のときも若いやつ20人ぐらいに取り囲まれて、「山口さんについていきます」って言われたけど、結局、誰一人ついてきやしない（笑）。辞めて１週間後ぐらいに、親しかった部下に電話したんです。別件で頼みたいことがあって。それぐらい協力してくれるだろうと確信してたのに、「二度と電話しないでください。山口さんと話してることがバレたら、僕までクビになっちゃいます」って。

**髙橋**　私もね、いきなりボトムに突き落とされた経験があるんだ。恥をさらすようだけど、窃盗の疑いをかけられて。自分の身にいったい何が起きてるのか、まったく理解できない感じだった。予想したこともない事態だから、状況をコントロールできないでしょう。本当に「まさか！」だよ。当時勤めていた大学はクビで、収入がゼロになる。刊行準備中の本もお蔵入りになる。マスコミからはボッコボコに叩かれるし、半年ぐらいは外を歩けない雰囲気で。もう地獄だよね。

**山口**　9割がた、人がいなくなりますよね。

**髙橋**　9割はいなくなるね。すごく目をかけてやったやつから疎遠にされたりね。似たような経験をした人はみんな言うけど、手帳の整理ができた。

**山口**　それは同感だな。誰が信頼できる人間なのか、試金石になる。

**髙橋**　調子いいやつは、こっちが盛り返すと、また寄ってくるんだ。こっちは顔に出さないよ。だけど、そんなやつはすでに手帳からデリートしてある。私ね、手帳は2種類持ってるの。普通のやつと、本当のやつと（笑）。

**山口**　本当の手帳って、それはまたコワイ話だなあ（笑）。

## ボトムに落ちてもたいしたことない

**高橋**　そんなときでも、会ってくれたり、心配してメールをくれたりするやつがいる。こっちはさして目をかけたつもりのない後輩でも、すごく心配してくれたりね。「あ、俺のこと、こういうふうに思ってくれてたのか」と気付きがあったりして。逆に、目をかけてやったやつが冷たかったりする。そういうのは全部覚えてるよ。それ以来、財務省のやつでも電話する相手は限られている。

**山口**　それは僕もまったく同じパターンです。誰を信頼できるかなんて、そのときに初めてわかることですよね。予想以上に助けてくれなかったけど。

**高橋**　私もそのときに「もう裸一貫で生きていくしかない」と思って、最後の砦をいろいろ考えたの。本当は、そんな状態になってから考えたんじゃあ、遅いんだけどさあ。海外に出て、どこかの政府で経済政策のアドバイスをやるとかね。だけど、いちばんいいのは日本にいてマッサージ師だという結論になった。

**山口**　おそらく読者はここまで「どうせお前らが職を失うことはないんだろう。他人事みたいに語りやがって」と感じながら読み進めてきたと思うんです。ところが、実は二人とも、読者に先駆けて「まさか！」を経験していたという（笑）。

**高橋**　ホントだよな（笑）。だけど真面目な話ね、どんな人にも「まさか！」は起こりうるんだ。例外はないと思うよ。だからこそ、誰もが真剣に考えなきゃいけない。そのときは絶対に自分しか頼れないから、最後の砦を用意しておく。我々だって、考えに考えたよね。で、結論として私はマッサージ、あなたは農業（笑）。

**山口**　なんともすごいとこに着地したなあ（笑）。だけど、そんなまさかの事態だって、あとから振り返れば、たいしたことないんですよね。あれで余計な連中と付き合わなくてよくなった。いい断捨離になったと、いまでは思ってますよ。

**髙橋**　ボトムを経験したら、「もうこれ以上の下はない」と思えるから、そのあとが楽だよ。トランプがあれだけ叩かれたってビクともしないのは、4回もボトムを経験してるからだろうな。実は私もね、「1回やってるから、2回目はなんとか乗り切れそうだな」とか思ってるの。アハハハハ。もうやりたくないけどさ。

**山口**　いずれにせよ、たとえ「まさか！」の事態に遭遇することがあっても、さほどひどいことにはならない。過剰に恐れる必要はないと言いたいですね。

**髙橋**　そうだよ。ボトムのときは本当に大変だけど、何ヵ月かすると「まあ、死ぬことはないな」ってレベルまで復活して、その後はどんどん上がっていく。会社をクビになろうが、自分の職業が消滅しようが、命までは取られない。命さえあれば、マッサージができる。農業だってできる。だから読者の皆さんにも、自分にとって「最後の砦」は何か、一度でいいから真剣に考えてみてほしいね。

構成　丸本忠之

## おわりに

ぐっちーさんとの対談は、とても面白く、さわやかだった。

私は、これまでマクロとミクロの経済政策を担当してきたが、「エコノミスト」という人の意見をあまり信じていない。日本で「エコノミスト」という場合、ほとんどが金融機関系の調査担当の「アナリスト」である。英語でeconomistというときには、analystというより「経済学者」であることが多い。まあ、日本での「経済学者」のいうことも信じていないから、「エコノミスト」を信じていないといっても、別に支障ない。

さらに、マスコミで「市場関係者」の意見がしばしば掲載されるが、それもまたまったく信じていない。

そこで、ぐっちーさんと対論してくれという依頼が来た。経歴を見ると、エコノミストで市場関係者である。これは面白い。日頃から、私がエコノミストや市場関係者の意見があてにならず、信じない理由を確認しようとしてみた。

私のやっている金融政策について、エコノミストや市場関係者はさまざまなコメントをする。金融政策は、金利や為替にも影響するので、日本のマスコミは、エコノミストや市場関係者は金融政策にも通じているという前提でコメントをとる。

それが、私には単なるポジショントークに思えて仕方がなかったのだ。例えば、金融緩和すると、為替は円安傾向になることが多い。これは、きちんとした経済理論に裏打ちされた話であるから仕方ない。しかし、エコノミストや市場関係者は、いろいろな理由をつけてそうした金融緩和に反対する意見をいうことがある。

その反対理由はさまざまであり、首尾一貫していない。ぐっちーさんも過去にはそうした発言をしている。出版社から渡されたものにはそう書いてあった。そこで、それはぐっちーさんの抱えるポジションでの発言で、政策論ではないのでは、という質問をしてみたところ、何も否定せずにあっさり認めた。

私も、政策論として話すことと個人的な損得ではいうことが異なる。しかし、対外的にいうときには個人的な損得での発言はしない。

政策論としての金融政策は、単純であり、雇用の確保が最終目標である。インフレ目標があるのは、失業率を下げようとするあまり、金融緩和しすぎてインフレ率が高くならないようにとの配慮があるからだ。日本の場合、この事実があまりに知られていない。はっきりいえば、エコノミストや市場関係者はまったく知らずに、自分たちの身の回りに関係のある金利や為替への効果のみを、雇用されている金融機関の意向だけで語っているようである。ぐっちーさんとの対談で、私はそれを確信した。

金融政策は最終的には雇用の確保が目的なのだが、そのために中間生成物として、金利や為替に影響を与える。ぐっちーさんは、この点、金融政策の金利や為替への影響はきちんと理解している。このメカニズムも理解せずに、金融機関の子会社であるシンクタンクにいながら親金融機関の意向だけで、デタラメなコメントをしている、そこいらのエコノミストや市場関係者とは一線を画している。

その種のエコノミストや市場関係者は、有名金融機関を辞めると、とたんにダメになる。お客がついてこずに、妙なコンサルタントになり、いかがわしい話に手を出すのがしばしばだが、ぐっちーさんは、しっかりと自分のビジネスをやっている。実力があるからだ。

私は、理系出身なので、経済を数量的に理解しようとする。ただし、日本の経済分野では、意見が正しいかどうかを議論で決めようとする傾向が強い。ハッキリいって、私はそうした議論の仕方を意味がないと思っているが、それが避けられないので、やむを得ず従っている場合がしばしばである。私が、意見の違いを議論しても意味がないと思うのは、自然科学では議論で決するのではなく、予想－結果の正しさで決することが多いからだ。

普通のエコノミストや市場関係者は、この結果での勝負を避けようとする。なにしろ結果の間違いを悟られないように、曖昧に話すことが多い。ただし、重要案件ではハッキリいわなければいけない場合もあり、そのときには、エコノミストや市場関係者の力量がでる。

例えば、2014年4月の消費増税の影響である。

事前のエコノミストや市場関係者は「影響は軽微である」といっていた。ところが大外れだ。これほど間違うのは、彼らがデタラメなのではなく、財務省の意向のとおりに話しているからで、それがバレてしまった。社会人の処世術としては立派であるが、プロのエコノミストや市場関係者としては失格である。

ぐっちーさんはそうした役所繫がりもないので、すっきりしている。この点、私とは大いに意見が一致したものだ。これから、簡単に導き出せる、ミクロ政策には官僚は関与すべきでないという、世界の常識を共有することができた。

ぐっちーさんのビジネス経験は豊富であるので、本当に経済をわかっているといえる。私も役人としては金融市場との関係もあったので、ときどき昔を思い出し、対談本では珍しく市場のマニアックな話題も議論できた。

また、ぐっちーさんは、今をときめく米国トランプ大統領とも面識のある日本人としても貴重である。トランプ氏との関係は本書の中ではじめて明らかにされているが、それだけでも本書の意味はあるだろう。

ぐっちーさんのように、個人で財をなした人で、かつ経済もわかっている人には、トランプのように是非政治家になってもらいたいが、この説得はあまり功を奏しなかった。またチャレンジしてみたい。

高橋洋一

講談社現代新書　2423

勇敢《ゆうかん》な日本《にほん》経済《けいざい》論《ろん》

二〇一七年四月二〇日第一刷発行　二〇一七年五月二九日第三刷発行

著　者　髙橋《たかはし》洋一《よういち》×ぐっちーさん



発行者　鈴木　哲

発行所　株式会社講談社

東京都文京区音羽二丁目一二—二一　郵便番号一一二—八〇〇一

電　話　〇三—五三九五—三五二一　編集（現代新書）

〇三—五三九五—四四一五　販売

〇三—五三九五—三六一五　業務

装幀者　中島英樹

印刷所　凸版印刷株式会社

製本所　株式会社大進堂

定価はカバーに表示してあります　Printed in Japan



N.D.C. 333　286p　18cm

ISBN978-4-06-288423-5

## 「講談社現代新書」の刊行にあたって

教養は万人が身をもって養い創造すべきものであって、一部の専門家の占有物として、ただ一方的に人々の手もとに配布され伝達されうるものではありません。

しかし、不幸にしてわが国の現状では、教養の重要な養いとなるべき書物は、ほとんど講壇からの天下りや単なる解説に終始し、知識技術を真剣に希求する青少年・学生・一般民衆の根本的な疑問や興味は、けっして十分に答えられ、解きほぐされ、手引きされることがありません。万人の内奥から発した真正の教養への芽ばえが、こうして放置され、むなしく滅びさる運命にゆだねられているのです。

このことは、中・高校だけで教育をおわる人々の成長をはばんでいるだけでなく、大学に進んだり、インテリと目されたりする人々の精神力の健康さえもむしばみ、わが国の文化の実質をまことに脆弱なものにしています。単なる博識以上の根強い思索力・判断力、および確かな技術にささえられた教養を必要とする日本の将来にとって、これは真剣に憂慮されなければならない事態であるといわなければなりません。

わたしたちの「講談社現代新書」は、この事態の克服を意図して計画されたものです。これによってわたしたちは、講壇からの天下りでもなく、単なる解説書でもない、もっぱら万人の魂に生ずる初発的かつ根本的な問題をとらえ、掘り起こし、手引きし、しかも最新の知識への展望を万人に確立させる書物を、新しく世の中に送り出したいと念願しています。

わたしたちは、創業以来民衆を対象とする啓蒙の仕事に専心してきた講談社にとって、これこそもっともふさわしい課題であり、伝統ある出版社としての義務でもあると考えているのです。

一九六四年四月　野間省一